AF561551

L'IMPOSTEUR, OU LE TARTUFFE,

COMEDIE.

Par

J. B. P. DE MOLIERE.

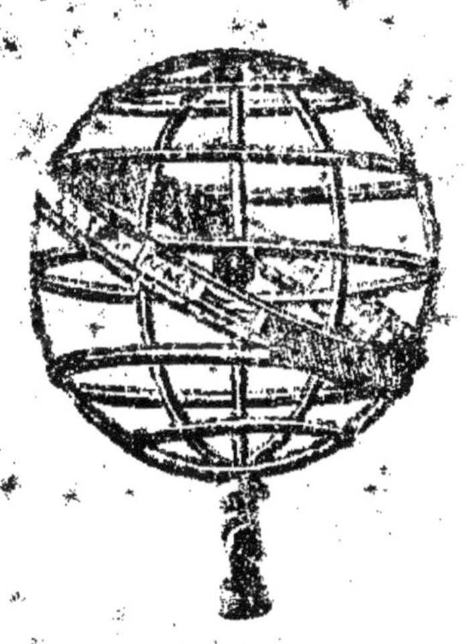

Suivant la Copie imprimée

A PARIS.

M. DC. LXXIX.

PREFACE.

Oicy une Comedie, dont on a fait beaucoup de bruit, qui a esté longtemps persecutée ; & les gens qu'elle jouë, ont bien fait voir qu'ils estoient plus puissans en France que tous ceux que j'ay joüez jusqu'ici. Les Marquis, les Precieuses, les Cocus, & les Medecins, ont souffert doucement qu'on les ait representez ; & ils ont fait semblant de se divertir avec tout le monde, des peintures que l'on a faites d'eux. Mais les Hipocrites n'ont point entendu raillerie ; ils se sont effarouchés d'abord, & ont trouvé étrange que j'eusse la hardiesse de joüer leurs grimaces, & de vouloir décrier un métier dont tant d'honnestes gens se mélent. C'est un crime qu'ils ne sçauroient me pardonner, & ils se sont tous armez contre ma Comedie, avec une fureur épouvantable. Ils n'ont eu garde de l'attaquer par le costé qui les a blessez ; ils sont trop politiques pour cela, & sçavent trop bien vivre pour découvrir le fond de leur ame. Suivant leur loüable coûtume, ils ont couvert leurs interests de la cause de Dieu ; & le Tartuffe dans leur bouche est une piece qui offense la pieté. Elle est d'un bout à l'autre pleine d'abominations, & l'on n'y trouve rien qui ne merite le feu. Toutes les sillabes en sont impies ; Les gestes même y sont criminels ; & le moindre coup d'œil, le moindre branlement de teste, le moindre pas à droit, ou à gauche, y cache des my-

ſteres, qu'ils trouvent moyen d'expliquer à mon deſavantage. J'ay eu beau la ſoûmettre aux lumieres de mes Amis, & à la cenſure de tout le monde; Les corrections que j'ay pû faire; le jugement du Roy, & de la Reyne, qui l'ont veuë, l'approbation des grands Princes, & de Meſſieurs les Miniſtres qui l'ont honorée publiquement de leur preſence; le témoignage des gens de bien qui l'ont trouvée profitable, tout cela n'a de rien ſervi. Ils n'en veulent point démordre, & tous les jours encore ils font crier en public des zelez indiſcrets qui me diſent des injures pieuſement, & me damnent par charité.

Je me ſoucîrois fort peu de tout ce qu'ils peuvent dire, n'eſtoit l'artifice qu'ils ont de me faire des ennemis que je reſpecte, & de jetter dans leur parti de veritables gens de bien, dont ils previennent la bonne foy, & qui par la chaleur qu'ils ont pour les intereſts du Ciel, ſont faciles à recevoir les impreſſions qu'on veut leur donner. Voilà ce qui m'oblige à me defendre. C'eſt aux vrais Devots que je veux par tout me juſtifier ſur la conduite de ma Comedie; & je les conjure de tout mon cœur de ne point condamner les choſes avant que de les voir; de ſe défaire de toute prévention, & de ne point ſervir la paſſion de ceux, dont les grimaces les deshonorent.

Si l'on prend la peine d'examiner de bonne foy ma Comedie, on verra ſans doute que mes intentions y ſont par tout innocentes, & qu'elle ne tend

nulle-

nullement à joüer les choses que l'on doit reverer; que je l'ay traitée avec toutes les précautions que me demandoit la delicatesse de la matiere; & que j'ay mis tout l'art, & tous les soins qu'il m'a esté possible pour bien distinguer le personnage de l'Hipocrite d'avec celuy du vray devot. J'ay employé pour cela deux Actes entiers à préparer la venuë de mon scelerat. Il ne tient pas un seul moment l'Auditeur en balance, on le connoist d'abord aux marques que je luy donne, & d'un bout à l'autre il ne dit pas un mot, il ne fait pas une action qui ne peigne aux spectateurs le caractere d'un méchant homme, & ne fasse éclater celuy du veritable homme de bien, que je luy oppose.

Je sçay bien que, pour réponse, ces Messieurs tâchent d'insinuër que ce n'est point au Theatre à parler de ces matieres: mais je leur demande avec leur permission, sur quoy ils fondent cette belle maxime. C'est une proposition qu'ils ne font que supposer, & qu'ils ne prouvent en aucune façon; & sans doute il ne seroit pas difficile de leur faire voir que la Comedie chez les anciens a pris son origine de la Religion, & faisoit partie de leurs mysteres; que les Espagnols nos voisins, ne celebrent gueres de Feste où la Comedie ne soit meslée; & que méme parmi nous elle doit sa naissance aux soins d'une Confrairie à qui appartient encore aujourd'huy l'Hostel de Bourgogne; que c'est un lieu qui fut donné pour y representer les plus importans mysteres de nostre Foy; qu'on en voit encore des

Comedies imprimées en lettres Gothiques sous le nom d'un Docteur de Sorbonne ; & sans aller chercher si loin, que l'on a joüé de nostre temps des Pieces saintes de Monsieur de Corneille, qui ont esté l'admiration de toute la France.

Si l'employ de la Comedie est de corriger les vices des hommes, je ne voy pas par quelle raison il y en aura de privilegiez. Celuy-ci est dans l'estat d'une consequence bien plus dangereuse que tous les autres, & nous avons veu que le Theatre a une grande vertu pour la correction. Les plus beaux traits d'une serieuse Morale sont moins puissans, le plus souvent, que ceux de la Satyre, & rien ne reprend mieux la plusspart des hommes, que la peinture de leurs defauts. C'est une grande atteinte aux vices, que de les exposer à la risée de tout le monde On souffre aisément des reprehensions; mais on ne souffre point la raillerie. On veut bien estre méchant ; mais on ne veut point estre ridicule.

On me reproche d'avoir mis des termes de pieté dans la bouche de mon Imposteur ; Et pouvois-je m'en empécher, pour bien representer le caractere d'un Hipocrite ? Il suffit, ce me semble, que je fasse connoistre les motifs criminels qui luy font dire les choses, & que j'en aye retranché les termes consacrez, dont on auroit eu peine à luy entendre faire un mauvais usage. Mais il debite au quatriéme Acte une Morale pernicieuse. Mais cette Morale est-elle quelque chose, dont tout le monde n'eust les oreilles rebattuës ? dit-elle rien de nou-

veau

veau dans ma Comedie ? & peut-on craindre que des choses si generalement detestées fassent quelque impression dans les Esprits? que je les rende dangereuses, en les faisant monter sur le Theatre? qu'elles reçoivent quelque authorité de la bouche d'un Scelerat ? Il n'y a nulle apparence à cela ; l'on doit approuver la Comedie du Tartuffe , ou condamner generalement toutes les Comedies.

C'est à quoy l'on s'attache furieusement depuis un temps ; & jamais on ne s'estoit si fort déchainé contre le Theatre. Je ne puis pas nier qu'il n'y ait eu des Peres de l'Eglise qui ont condamné la Comedie ; mais on ne peut pas me nier aussi qu'il n'y en ait eu quelques-uns qui l'ont traitée un peu plus doucement. Ainsi l'authorité dont on pretend appuyer la Censure, est détruite par ce partage ; & toute la consequence qu'on peut tirer de cette diversité d'opinions en des Esprits éclairez des mêmes lumieres , c'est qu'ils ont pris la Comedie differemment , & que les uns l'ont considerée dans sa pureté , lors que les autres l'ont regardée dans sa corruption , & confonduë avec tous ces vilains spectacles qu'on a eu raison de nommer des spectacles de turpitude.

Et en effet , puis qu'on doit discourir des choses , & non pas des mots , & que la pluspart des contrarietez viennent de ne se pas entendre , & d'envelopper dans un même mot des choses opposées , il ne faut qu'oster le voile de l'équivoque , & regarder ce qu'est la Comedie en soy , pour voir si elle est condamnable. On connoiſtra ſans doute, que n'eſtant autre choſe qu'un Poëme ingenieux, qui par des leçons agreables reprend les defauts des hommes, on ne ſçauroit la cenſurer ſans injuſtice. Et ſi nous voulons oüir là deſſus le témoignage de l'Antiquité, elle nous dira que ſes plus celebres Philoſophes ont donné des loüanges à la Comedie, eux qui faiſoient profeſſion d'une ſageſſe ſi auſtere, & qui crioient ſans ceſſe aprés les vices de leur ſiecle. Elle nous fera voir qu'Ariſtote a conſacré des veilles au Theatre, & s'eſt donné le ſoin de reduire en préceptes l'art de faire des Comedies. Elle nous apprendra que de ſes plus grands hommes, & des premiers en dignité, ont fait gloire d'en compoſer eux-mêmes; qu'il y en a eu d'autres qui n'ont pas dédaigné de reciter en public celles qu'ils avoient compoſées; que la Gréce a fait pour cet Art éclater ſon eſtime, par les prix glorieux, & par les ſuperbes Theatres dont elle a voulu l'honorer; & que dans Rome enfin ce même Art a receu auſſi des honneurs extraordinaires: Je ne dis pas dans Rome débauchée, & ſous la licence des Empereurs; mais dans Rome diſciplinée, ſous la ſageſſe des Conſuls, & dans le temps de la vigueur de la vertu Romaine.

J'avoüe qu'il y a eu des temps où la Comedie s'eſt corrompuë. Et qu'eſt-ce que dans le Monde on ne corrompt point tous les jours? Il n'y a choſe ſi innocente où les hommes ne puiſſent porter du crime; point d'Art ſi ſalutaire, dont ils ne ſoient capables

bles de renverser les intentions ; rien de si bon en soy, qu'ils ne puissent tourner à de mauvais usages. La Medecine est un Art profitable, & chacun la revere comme une des plus excellentes choses que nous ayons ; & cependant il y a eu des temps où elle s'est rendu odieuse, & souvent on en a fait un Art d'empoisonner les hommes. La Philosophie est un present du Ciel: Elle nous a esté donnée, pour porter nos esprits à la connoissance d'un Dieu, par la contemplation des merveilles de la nature ; & pourtant on n'ignore pas que souvent on l'a détournée de son employ, & qu'on l'a occupée publiquement à soûtenir l'impieté. Les choses même les plus saintes ne sont point à couvert de la corruption des hommes ; & nous voyons des Scelerats, qui tous les jours abusent de la Pieté, & la font servir méchamment aux crimes les plus grands : mais on ne laisse pas pour cela de faire les distinctions, qu'il est besoin de faire. On n'enveloppe point dans une fausse consequence la bonté des choses que l'on corrompt, avec la malice des corrupteurs. On separe toujours le mauvais usage d'avec l'intention de l'art ; & comme on ne s'avise point de defendre la Medecine, pour avoir esté bannie de Rome ; ny la Philosophie, pour avoir esté condamnée publiquement dans Athenes ; on ne doit point aussi vouloir interdire la Comedie, pour avoir esté censurée en de certains temps. Cette censure a eu ses raisons, qui ne subsistent point ici. Elle s'est renfermée dans ce qu'elle a pû voir, & nous ne devons point la tirer des bornes qu'elle s'est données ; l'étendre plus loin qu'il ne faut, & luy faire embrasser l'innocent avec le coupable. La Comedie qu'elle a eu dessein d'attaquer, n'est point du tout la Comedie que nous voulons defendre. Il se faut bien garder de confondre celle-là avec celle-ci. Ce sont deux Personnes de qui les mœurs sont tout-à fait opposées. Elles n'ont aucun rapport l'une avec l'autre, que la ressemblance du nom ; & ce seroit une injustice épouvantable, que de vouloir condamner Olimpe qui est femme de bien, parce qu'il y a eu une Olimpe qui a esté une débauchée. De semblables Arrests, sans doute, feroient un grand desordre dans le monde. Il n'y auroit rien par là, qui ne fust condamné ; & puis que l'on ne garde point cette rigueur à tant de choses, dont on abuse tous les jours, on doit bien faire la même grace à la Comedie, & approuver les Pieces de Theatre où l'on verra regner l'instruction & l'honnesteté.

Je sçay qu'il y a des Esprits, dont la delicatesse ne peut souffrir aucune Comedie; qui disent que les plus honnestes sont les plus dangereuses ; que les passions que l'on y dépeint sont d'autant plus touchantes, qu'elles sont pleines de vertu ; & que les ames sont attendries par ces sortes de representations. Je ne voy pas quel grand crime c'est que de s'attendrir à la veuë d'une passion honneste ; & c'est un haut étage de vertu, que cette pleine insensibilité, où ils veulent faire monter nostre ame. Je doute qu'une si grande perfection soit dans les for-

ces

ces de la nature humaine ; & je ne sçay s'il n'est pas mieux de travailler à rectifier & adoucir les passions des hommes, que de vouloir les retancher entierement. J'avouë qu'il y a des lieux qu'il vaut mieux frequenter que le Theatre ; & si l'on veut blâmer toutes les choses qui ne regardent pas directement Dieu, & nostre salut, il est certain que la Comedie en doit estre, & je ne trouve point mauvais qu'elle soit condamnée avec le reste : mais supposé, comme il est vray, que les exercices de la Pieté souffrent des intervalles, & que les hommes ayent besoin de divertissement, je soûtiens qu'on ne leur en peut trouver un qui soit plus innocent que la Comedie. Je me suis étendu trop loin. Finissons par un mot d'un grand Prince sur la Comedie du Tartuffe.

Huit jours aprés qu'elle eut esté defenduë, on representa devant la Cour une Piece intitulée, Scaramouche Hermite ; & le Roy en sortant, dit au grand Prince que je veux dire : Je voudrois bien sçavoir pourquoy les gens qui se scandalisent si fort de la Comedie de Moliere, ne disent mot de celle de Scaramouche ? *A quoy le Prince répondit :* La raison de cela, c'est que la Comedie de Scaramouche jouë le Ciel, & la Religion, dont ces Messieurs-là ne se soucient point ; mais celle de Moliere les jouë eux-mémes : C'est ce qu'ils ne peuvent souffrir.

ACTEURS.

MADAME PERNELLE, Mere d'Orgon.

ORGON, Mary d'Elmire.

ELMIRE, Femme d'Orgon.

DAMIS, Fils d'Orgon.

MARIANE, Fille d'Orgon, & Amante de Valere.

VALERE, Amant de Mariane.

CLEANTE, Beaufrere d'Orgon.

TARTUFFE, Faux devot.

DORINE, Suivante de Mariane.

MONSIEUR LOYAL, Sergeant.

UN EXEMT.

FLIPOTE, Servante de Madame Pernelle.

LAURENT, Valet de Tartuffe.

La Scene est à Paris.

L'IMPOSTEUR,

COMEDIE.

ACTE PREMIER.

SCENE PREMIERE.

MADAME PERNELLE, & FLIPOTE sa Servante, ELMIRE, MARIANE, DORINE, DAMIS, CLEANTE.

M. PERNELLE.

Allons, Flipote, allons; que d'eux je me délivre.

ELMIRE.

Vous marchez d'un tel pas, qu'on a peine à vous suivre.

M. PERNELLE.

Laissez, ma Bru, laissez; ne venez pas plus loin;
Ce sont toutes façons, dont je n'ay pas besoin.

ELMIRE.

De ce que l'on vous doit, envers vous on s'acquite.
Mais, ma Mere, d'où vient que vous sortez si viste?

M. PERNELLE.

C'est que je ne puis voir tout ce ménage ci,
Et que de me complaire, on ne prend nul souci.
Ouy, je sors de chez vous fort mal edifiée;

Dans toutes mes leçons j'y suis contrariée ;
On n'y respecte rien ; chacun y parle haut,
Et c'est, tout justement, la Cour du Roy Petaut.

DORINE.

Si....

M. PERNELLE.

Vous estes, Mamie, une Fille suivante
Un peu trop forte en gueule, & fort impertinente :
Vous vous mesiez sur tout de dire vostre avis.

DAMIS.

Mais....

M. PERNELLE.

Vous estes un sot en trois lettres, mon Fils ;
C'est moy qui vous le dis, qui suis vostre Grand-mere ;
Et j'ay predit cent fois à mon Fils, vostre Pere,
Que vous preniez tout l'air d'un méchant Garnement,
Et ne luy donneriez jamais que du tourment.

MARIANE.

Je croy....

M. PERNELLE.

Mon Dieu, sa Sœur, vous faites la discrette,
Et vous n'y touchez pas, tant vous semblez doucette :
Mais il n'est, comme on dit, pire eau, que l'eau qui dort,
Et vous menez sous chape, un train que je hais fort.

ELMIRE.

Mais, ma Mere....

M. PERNELLE.

Ma Bru, qu'il ne vous en déplaise,
Vostre conduite en tout est tout-à-fait mauvaise :
Vous devriez leur mettre un bon exemple aux yeux,
Et leur defunte Mere en usoit beaucoup mieux.
Vous estes depenciere, & cet estat me blesse,
Que vous alliez vestuë ainsi qu'une Princesse.
Quiconque à son mary veut plaire seulement,
Ma Bru, n'a pas besoin de tant d'ajustement.

CLE-

CLEANTE.

Mais, Madame, aprés tout....

M. PERNELLE.

Pour vous, Monsieur son Frere,
Je vous estime fort, vous aime, & vous revere:
Mais enfin, si j'estois de mon Fils son epoux,
Je vous prierois bien fort, de n'entrer point chez nous.
Sans cesse vous préchez des maximes de vivre,
Qui par d'honnestes gens ne se doivent point suivre:
Je vous parle un peu franc, mais c'est là mon humeur,
Et je ne mache point ce que j'ay sur le cœur.

DAMIS.

Vostre Monsieur Tartuffe est bienheureux sans doute....

M. PERNELLE.

C'est un homme de bien, qu'il faut que l'on écoute;
Et je ne puis souffrir, sans me mettre en courroux,
De le voir querellé par un fou comme vous.

DAMIS.

Quoy! je souffriray, moy, qu'un Cagot de Critique
Vienne usurper ceans un pouvoir tyrannique?
Et que nous ne puissions à rien nous divertir,
Si ce beau Monsieur-là n'y daigne consentir?

DORINE.

S'il le faut écouter, & croire à ses maximes,
On ne peut faire rien, qu'on ne fasse des crimes,
Car il contrôle tout, ce Critique zelé.

M. PERNELLE.

Et tout ce qu'il contrôle, est fort bien contrôlé.
C'est au chemin du Ciel qu'il pretend vous conduire;
Et mon Fils, à l'aimer, vous devroit tous induire.

DAMIS.

Non, voyez-vous, ma Mere, il n'est Pere, ny rien,
Qui me puisse obliger à luy vouloir du bien.
Je trahirois mon cœur, de parler d'autre sorte;
Sur ses façons de faire, à tous coups je m'emporte;
J'en prevois une suite, & qu'avec ce Pié-plat,

Il faudra que j'en vienne à quelque grand éclat.

DORINE.

Certes, c'est une chose aussi qui scandalise,
De voir qu'un Inconnu ceans s'impatronise;
Qu'un Gueux qui, quand il vint, n'avoit pas des souliers,
Et dont l'habit entier valoit bien six deniers,
En vienne jusques là, que de se meconnoistre,
De contrarier tout, & de faire le Maistre.

M. PERNELLE.

Hé, mercy de ma vie il en iroit bien mieux,
Si tout se gouvernoit par ses ordres pieux.

DORINE.

Il passe pour un Saint dans vostre fantaisie;
Tout son fait, croyez-moy, n'est rien qu'hypocrisie.

M. PEERNELLE.

Voyez la langue!

DORINE.

A luy, non plus qu'à son Laurent,
Je ne me firois, moy, que sur un bon Garant.

M. PERNELLE.

J'ignore ce qu'au fond le Serviteur peut estre;
Mais pour homme de bien, je garantis le Maistre,
Vous ne luy voulez mal, & ne le rebutez,
Qu'à cause qu'il vous dit à tous vos veritez.
C'est contre le Peché que son cœur se courrouce.
Et l'interest du ciel est tout ce qui le pousse.

DORINE.

Ouy; mais pourquoi sur tout, dépuis un certain temps,
Ne sçauroit il souffrir qu'aucun hante ceans?
En quoy blesse le ciel une visite honneste,
Pour en faire un vacarme à nous rompre la teste?
Veut-on que là dessus je m'explique entre nous?
Je croy que de Madame il est, ma foy, jaloux.

M. PERNELLE.

Taisez-vous, & songez aux choses que vous dites.
Ce n'est pas luy tout seul qui blâme ces visites;

Tout ce tracas qui suit les gens que vous hantez,
Ces Carosses sans cesse à la Porte plantez,
Et de tant de Laquais le bruyant assemblage,
Font un éclat fâcheux dans tout le voisinage.
Je veux croire qu'au fond il ne se passe rien;
Mais enfin on en parle, & cela n'est pas bien.

CLEANTE.

Hé, voulez-vous, Madame, empécher qu'on ne
cause?
Ce seroit dans la vie une fâcheuse chose,
Si pour les sots discours où l'on peut estre mis,
Il falloit renoncer à ses meilleurs Amis:
Et quand même on pourroit se resoudre à le faire,
Croiriez vous obliger tout le monde à se taire?
Contre la Médisance il n'est point de rempart;
A tous les sots caquets n'ayons donc nul égard;
Efforçons-nous de vivre avec toute innocence,
Et laissons aux Causeurs une pleine licence.

DORINE.

Daphné nostre Voisine, & son petit Epoux,
Ne seroient-ils point ceux qui parlent mal de nous?
Ceux de qui la conduite offre le plus à rire,
Sont toûjours sur autruy les premiers à médire;
Ils ne manquent jamais de saisir promptement
L'apparente lueur du moindre attachement,
D'en semer la nouvelle avec beaucoup de joye,
Et d'y donner le tour qu'ils veulent qu'on y croye.
Des actions d'autruy, teintes de leurs couleurs,
Ils pensent dans le monde authoriser les leurs,
Et sous le faux espoir de quelque ressemblance,
Aux intrigues qu'ils ont, donner de l'innocence,
Ou faire ailleurs tomber quelques traits partagez
De ce blâme public dont ils sont trop chargez.

M. PERNELLE.

Tous ces raisonnemens ne font rien à l'affaire:
On sçait qu'Orante mene une vie exemplaire;
Tous ses soins vont au ciel, & j'ay sceu par des gens,
Qu'elle condamne fort le train qui vient ceans.

DORI-

DORINE.

L'exemple est admirable, & cette Dame est bonne :
Il est vray qu'elle vit en austere personne ;
Mais l'âge, dans son ame, a mis ce zele ardent,
Et l'on sçait qu'elle est prude, à son corps defendant.
Tant qu'elle a pû des cœurs attirer les hommages,
Elle a fort bien joüi de tous ses avantages :
Mais voyant de ses yeux tous les brillans baisser,
Au monde, qui la quitte, elle veut renoncer ;
Et du voile pompeux d'une haute sagesse,
De ses attraits usez, déguiser la foiblesse.
Ce sont-là les retours des coquettes du temps.
Il leur est dur de voir deserter les galans.
Dans un tel abandon, leur sombre inquietude
Ne voit d'autre recours que le mestier de prude ?
Et la severité de ces femmes de bien
Censure toute chose, & ne pardonne à rien ;
Hautement, d'un chacun, elles blâment la vie,
Non point par charité, mais par un trait d'envie,
Qui ne sçauroit souffrir qu'une autre ait les plaisirs,
Dont le panchant de l'âge a sevré leurs desirs.

M. PERNELLE.

Voilà les contes bleus qu'il vous faut, pour vous plaire
Ma bru, l'on est, chez vous, contrainte de se taire ;
Car Madame, à jaser, tient le dé tout le jour :
Mais enfin, je pretens discourir à mon tour.
Je vous dy que mon fils n'a rien fait de plus sage,
Qu'en recueillant chez soy ce devot personnage ;
Que le Ciel au besoin l'a ceans envoyé,
Pour redresser à tous vostre esprit fourvoyé ;
Que pour vostre salut vous le devez entendre,
Et qu'il ne reprend rien qui ne soit à reprendre.
Ces visites, ces bals, ces conversations,
Sont, du malin Esprit, toutes inventions.
Là, jamais on n'entend de pieuses paroles,
Ce sont propos oisifs, chansons, & fariboles ;
Bien souvent le prochain en a sa bonne part,
Et l'on y sçait médire, & du tiers, & du quart.

Enfin les gens ſenſez ont leurs teſtes troublées
De la confuſion de telles aſſemblées :
Mille caquets divers s'y font en moins de rien ;
Et comme l'autre jour un Docteur dit fort bien ,
C'eſt veritablement la tour de Babilone ,
Car chacun y babille , & tout du long de l'aune ;
Et pour conter l'hiſtoire où ce poinct l'engagea ....
Voilà-t-il pas Monſieur qui ricane déja ?
Allez chercher vos fous qui vous donnent à rire ;
Et ſans.... Adieu, ma bru, je ne veux plus rien dire.
Sçachez que pour ceans j'en rabats de moitié ,
Et qu'il fera beau temps , quand j'y mettray le pié.

Donnant un ſoufflet à Flipote.

Allons , vous ; vous révez, & bayez aux Corneilles ;
Jour de Dieu , je ſçauray vous frotter les oreilles ;
Marchons , gaupe, marchons.

SCENE II.

CLEANTE, DORINE.

CLEANTE.

Je n'y veux point aller,
De peur qu'elle ne vinſt encor me quereller ;
Que cette bonne femme....

DORINE.

Ah ! certes, c'eſt dommage ,
Qu'elle ne vous oüiſt tenir un tel langage ;
Elle vous diroit bien qu'elle vous trouve bon ,
Et qu'elle n'eſt point d'âge à luy donner ce nom.

CLEANTE.

Comme elle s'eſt pour rien contre nous échauffée !
Et que de ſon Tartuffe elle paroiſt coiffée !

DORINE.

Oh vrayment , tout cela n'eſt rien au prix du Fils ;
Et ſi vous l'aviez veu , vous diriez, c'eſt bien pis.
Nos troubles l'avoient mis ſur le pié d'homme ſage ,

Et

Et pour servir son Prince, il montra du courage :
Mais il est devenu comme un homme hebeté,
Depuis que de Tartuffe on le voit entesté.
Il l'appelle son frere, & l'aime dans son ame
Cent fois plus qu'il ne fait mere, fils, fille, & femme.
C'est de tous ses secrets l'unique confident,
Et de ses Actions le Directeur prudent.
Il le choie, il l'embrasse ; & pour une Maistresse,
On ne sçauroit, je pense, avoir plus de tendresse,
A table, au plus haut bout, il veut qu'il soit assis,
Avec joye il l'y voit manger autant que six ;
Les bons morceaux de tout, il fait qu'on les luy cede,
Et s'il vient à rotter il luy dit, Dieu vous aide.

C'est une Servante qui parle.

Enfin il en est fou ; c'est son tout, son Heros ;
Il l'admire à tout coups, le cite à tout propos ;
Ses moindres actions luy semblent des miracles,
Et tous les mots qu'il dit, sont pour luy des Oracles,
Luy qui connoist sa dupe, & qui veut en joüir,
Par cent dehors fardez, a l'art de l'éblouïr ;
Son Cagotisme en tire à toute heure des sommes,
Et prend droict de gloser sur tous tant que nous sommes.
Il n'est pas jusqu'au Fat, qui luy sert de garçon,
Qui ne se mesle aussi de nous faire leçon.
Il vient nous sermoner avec des yeux farouches,
Et jetter nos rubans, nostre rouge, & nos mouches.
Le traistre, l'autre jour, nous rompit de ses mains,
Un mouchoir qu'il trouva dans une fleur des saints ;
Disant que nous meslions, par un crime effroyable,
Avec la sainteté, les parures du diable.

SCENE III.

ELMIRE, MARIANE, DAMIS, CLEANTE, DORINE.

ELMIRE.

Vous estes bienheureux, de n'estre point venu
Au discours qu'à la Porte elle nous tenu.
Mais j'ay veu mon Mary; comme il ne m'a point veuë,
Je veux aller là haut attendre sa venuë.

CLEANTE.

Moy, je l'attens ici pour moins d'amusement,
Et je vais luy donner le bonjour seulement.

DAMIS.

De l'hymen de ma sœur, touchez-luy quelque chose.
J'ay soupçon que Tartuffe à son effet s'oppose;
Qu'il oblige mon pere à des détours si grans,
Et vous n'ignorez pas quel interest j'y prens.
Si même ardeur enflame, & ma sœur, & Valere,
La sœur de cet Amy, vous le sçavez, m'est chere:
Et s'il falloit....

DORINE.

Il entre.

SCENE IV.

ORGON, CLEANTE, DORINE.

ORGON.

Ah, mon frere, bon-jour.

CLEANTE.

Je sortois, & j'ay joye à vous voir de retour:
La campagne, à present, n'est pas beaucoup fleurie,

ORGON.

Dorine, mon beau-frere, attendez, je vous prie.

Vous

Vous voulez bien souffrir, pour m'oster de souci,
Que je m'informe un peu des nouvelles d'ici.
Tout s'est-il, ces deux jours passé de bonne sorte ?
Qu'est-ce qu'on fait ceans ? comme est-ce qu'on s'y porte ?

DORINE.

Madame eut, avant-hier, la fievre jusqu'au soir,
Avec un mal de teste étrange à concevoir.

ORGON.

Et Tartuffe ?

DORINE.

Tartuffe ? Il se porte à merveille,
Gros, & gras, le teint frais, & la bouche vermeille.

ORGON.

Le pauvre homme !

DORINE.

Le soir elle eut un grand dégoust,
Et ne pût au soupé toucher à rien du tout,
Tant sa douleur de teste estoit encor cruelle.

ORGON.

Et Tartuffe ?

DORINE.

Il soupa, luy tout seul, devant elle,
Et fort devotement il mangea deux Perdrix,
Avec une moitié de Gigot en hachis.

ORGON.

Le pauvre homme !

DORINE.

La nuit se passa toute entiere,
Sans qu'elle pût fermer un moment la paupiere ;
Des chaleurs l'empéchoient de pouvoir sommeiller,
Et jusqu'au jour : prés d'elle, il nous fallut veiller.

ORGON.

Et Tartuffe ?

DORINE.

Pressé d'un sommeil agreable,
Il passa dans sa Chambre, au sortir de la Table ?
Et dans son lit bien chaud, il se mit tout soudain,

Où

Où ſans trouble il dormit juſques au lendemain.

ORGON.

Le pauvre homme !

DORINE.

A la fin, par nos raiſons gagnée,
Elle ſe reſolut à ſouffrir la ſaignée,
Et le ſoulagement ſuivit tout auſſi-toſt.

ORGON.

Et Tartuffe ?

DORINE.

Il reprit courage comme il faut ;
Et contre tous les maux fortifiant ſon ame,
Pour reparer le ſang qu'avoit perdu Madame,
Beut à ſon déjeuné, quatre grans coups de vin.

ORGON.

Le pauvre homme !

DORINE.

Tous deux ſe portent bien enfin ;
Et je vais à Madame annoncer par avance,
La part que vous prenez à ſa convaleſcence.

SCENE V.

ORGON, CLEANTE.

CLEANTE.

A Voſtre nez, mon Frere, elle ſe rit de vous ;
Et ſans avoir deſſein de vous mettre en courroux,
Je vous diray tout franc, que c'eſt avec juſtice.
A-t-on jamais parlé d'un ſemblable caprice ;
Et ſe peut-il qu'un homme ait un charme aujourd'huy
A vous faire oublier toutes choſes pour luy ?
Qu'aprés avoir chez vous reparé ſa miſere,
Vous en veniez au poinct....

ORGON.

Alte-là, mon beau-frere ;
Vous ne connoiſſez pas celuy dont vous parlez.

CLEAN.

CLEANTE.

Je ne le connois pas, puis que vous le voulez :
Mais enfin, pour sçavoir quel homme ce peut estre....

ORGON.

Mon frere, vous seriez charmé de le connoistre,
Et vos ravissemens ne prendroient point de fin.
C'est un homme... qui... ha... un homme... un homme enfin.
Qui suit bien ses leçons, gouste une paix profonde,
Et comme du fumier, regarde tout le monde.
Ouy, je deviens tout autre avec son entretien ;
Il m'enseigne à n'avoir affection pour rien ;
De toutes amitiez il détache mon ame ;
Et je verrois mourir frere, enfans, mere, & femme ;
Que je m'en soucirois autant que de cela.

CLEANTE.

Les sentimens humains, mon frere, que voilà !

ORGON.

Ha, si vous aviez veu comme j'en fis rencontre,
Vous auriez pris pour luy l'amitié q[illegible] montre.
Chaque jour à l'Eglise il venoit d'un air doux,
Tout vis-à-vis de moy, se mettre à deux genoux.
Il attiroit les yeux de l'assemblée entiere,
Par l'ardeur dont au ciel il poussoit sa priere :
Il faisoit des soûpirs, de grands élancemens,
Et baisoit humblement la terre à tous momens ;
Et lors que je sortois, il me devançoit viste ;
Pour m'aller à la porte offrir de l'Eau-beniste.
Instruit par son garçon, qui dans tout l'imitoit,
Et de son indigence, & de ce qu'il estoit,
Je luy faisois des dons ; mais avec modestie,
Il me vouloit toûjours en rendre une partie.
C'est trop, me disoit-il, c'est trop de la moitié,
Je ne merite pas de vous faire pitié :
Et quand je refusois de le vouloir reprendre,
Aux pauvres, à mes yeux, il alloit le répandre.
Enfin le ciel, chez moy, me le fit retirer,
Et depuis ce temps-là, tout semble y prosperer.

Je voy qu'il reprend tout, & qu'à ma femme même,
Il prend pour mon honneur un interest extréme ;
Il m'avertit des gens qui luy font les yeux doux,
Et plus que moy, six fois, il s'en montre jaloux.
Mais vous ne croiriez point jusqu'où monte son zele ;
Il s'impute à peché la moindre bagatelle,
Un rien presque suffit pour le scandaliser,
Jusques-là qu'il se vint l'autre jour accuser
D'avoir pris une puce en faisant sa priere,
Et de l'avoir tuée avec trop de colere.

CLEANTE.

Parbleu, vous estes fou, mon frere, que je croy,
Avec de tels discours vous moquez-vous de moy ?
Et que pretendez-vous que tout ce badinage....

ORGON.

Mon frere, ce discours sent le libertinage.
Vous en estes un peu dans vostre ame entaché ;
Et comme je vous l'ay plus de dix fois presché,
Vous vous attirerez quelque méchante affaire.

CLEANTE.

Voilà de vos pareils le discours ordinaire.
Ils veulent que chacun soit aveugle comme eux.
C'est estre libertin, que d'avoir de bons yeux ;
Et qui n'adore pas de vaines simagrées,
N'a ny respect, ny foy, pour les choses sacrées.
Allez, tous vos discours ne me font point de peur ;
Je sçay comme je parle, & le ciel voit mon cœur.
De tous vos façonniers on n'est point les esclaves,
Il est de faux devots, ainsi que de faux braves :
Et comme on ne voit pas qu'où l'honneur les conduit,
Les vrais braves soient ceux qui font beaucoup de bruit ;
Les bons & vrais devots, qu'on doit suivre à la trace,
Ne sont pas ceux aussi qui font tant de grimace.
Hé quoy ! vous ne ferez nulle distinction
Entre l'hypocrisie, & la devotion ?

Vous les voulez traiter d'un semblable langage,
Et rendre même honneur au masque qu'au visage?
Egaler l'artifice à la sincerité;
Confondre l'apparence, avec la verité;
Estimer le fantôme, autant que la personne;
Et la fausse monnoie, à l'egal de la bonne?
Les hommes, la plusspart, sont étrangement faits!
Dans la juste nature on ne les voit jamais.
La raison a pour eux des bornes trop petites.
En chaque caractere ils passent ses limites,
Et la plus noble chose, ils la gastent souvent,
Pour la vouloir outrer, & pousser trop avant.
Que cela vous soit dit en passant, mon beau-frere.

ORGON.

Ouy, vous estes, sans doute, un docteur qu'on revere,
Tout le sçavoir du monde est chez vous retiré,
Vous estes le seul sage, & le seul eclairé,
Un Oracle, un Caton, dans le siecle où nous sommes,
Et prés de vous ce sont des sots que tous les hommes.

CLEANTE.

Je ne suis point, mon frere, un docteur reveré,
Et le sçavoir, chez moy, n'est pas tout retiré.
Mais en un mot je sçay, pour toute ma science,
Du faux, avec le vray, faire la difference:
Et comme je ne voy nul genre de Heros
Qui soient plus à priser que les parfaits devots;
Aucune chose au monde, & plus noble, & plus belle;
Que la sainte ferveur d'un veritable zele;
Aussi ne vois-je rien qui soit plus odieux,
Que le dehors plastré d'un zele specieux;
Que ces francs charlatans, que ces devots de place,
De qui la sacrilege & trompeuse grimace
Abuse impunement, & se jouë à leur gré,
De ce qu'ont les mortels de plus saint, & sacré.
Ces gens, qui par une ame à l'interest soûmise,
Font de devotion mestier & marchandise,
Et veulent acheter credit, & dignitez,

A prix

A prix de faux clins d'yeux, & d'élans affectez.
Ces gens, dis-je qu'on voit d'une ardeur non commune,
Par le chemin du Ciel courir à leur fortune;
Qui brûlans, & prians, demandent chaque jour,
Et preschent la retraite au milieu de la Cour:
Qui sçavent ajuster leur zele avec leurs vices,
Sont prompts, vindicatifs, sans foy, pleins d'artifices,
Et pour perdre quelqu'un, couvrent insolemment,
De l'interest du Ciel, leur fier ressentiment;
D'autant plus dangereux dans leur aspre colere,
Qu'ils prennent contre nous des armes qu'on revere;
Et que leur passion dont on leur sçait bon gré.
Veut nous assassiner avec un fer sacré.
De ce faux caractere, on en voit trop paroistre:
Mais les devots de cœur sont aisez à connoistre.
Nostre siecle, mon frere, en expose à nos yeux,
Qui peuvent nous servir d'exemples glorieux.
Regardez Ariston, regardez Periandre,
Oronte, Alcidamas, Polidore, Clitandre:
Ce titre par aucun ne leur est débatu,
Ce ne sont point du tout fanfarons de vertu,
On ne voit point en eux ce faste insuportable,
Et leur devotion est humaine, est traitable
Ils ne censurent point toutes nos actions,
Ils trouvent trop d'orgueil dans ces corrections,
Et laissant la fierté des paroles aux autres,
C'est par leurs actions, qu'ils reprennent les nostres.
L'apparence du mal a chez eux peu d'appuy,
Et leur ame est portée à juger bien d'autruy;
Point de cabale en eux, point d'intrigues à suivre,
On les voit pour tous soins, se mesler de bien vivre.
Jamais contre un Pecheur ils n'ont d'acharnement.
Ils attachent leur haine au peché seulement,
Et ne veulent point prendre, avec un zele extréme,
Les interests du Ciel, plus qu'il ne veut luy-méme.
Voilà mes gens, voilà comme il en faut user,
Voilà l'exemple enfin qu'il se faut proposer.

Vostre homme, à dire vray, n'est pas de ce modele :
C'est de fort bonne foy que vous vantez son zele,
Mais par un faux éclat je vous crois ébloüi.

ORGON.

Monsieur mon cher beaufrere, avez-vous tout dit ?

CLEANTE.

Ouy.

ORGON.

Je suis vostre valet.

Il veut s'en aller.

CLEANTE.

De grace, un mot, mon frere.
Laissons-là ce discours. Vous sçavez que Valere,
Pour estre vostre Gendre, a parole de vous.

ORGON.

Ouy.

CLEANTE.

Vous aviez pris jour pour un lien si doux.

ORGON.

Il est vray.

CLEANTE.

Pourquoy donc en differer la feste ?

ORGON.

Je ne sçais.

CLEANTE.

Auriez-vous autre pensée en teste ?

ORGON.

Peut-estre.

CLEANTE.

Vous voulez manquer à vostre foy ?

ORGON.

Je ne dis pas cela.

CLEANTE.

Nul obstacle, je croy,
Ne vous peut empécher d'accomplir vos promesses.

ORGON.

Selon.

CLEAN-

CLEANTE.

Pour dire un mot, faut-il tant de finesses ?
Valere, sur ce poinct, me fait vous visiter.

ORGON.

Le Ciel en soit loüe.

CLEANTE.

Mais que luy reporter ?

ORGON.

Tout ce qu'il vous plaira.

CLEANTE.

Mais il est necessaire
De sçavoir vos desseins. Quels sont ils donc ?

ORGON.

De faire
Ce que le Ciel voudra.

CLEANTE.

Mais parlons tout de bon.
Valere à vostre foy. La tiendrez-vous, ou non ?

ORGON.

Adieu.

CLEANTE.

Pour son amour, je crains une disgrace,
Et je dois l'avertir de tout ce qui se passe.

Fin du premier Acte.

ACTE II.

SCENE I.

ORGON, MARIANE.

ORGON.

Ariane.

MARIANE.

Mon Pere.

ORGON.

Approchez. J'ay dequoy
Vous parler en secret.

MARIANE.

Que cherchez-vous ?

ORGON.

Il regarde dans un petit Cabinet. Je voy
Si quelqu'un n'est point là, qui pourroit nous entendre ;
Car ce petit endroit est propre pour surprendre.
Or sus, nous voilà bien. J'ay Mariane, en vous,
Reconnu, de tout temps, un esprit assez dous ;
Et de tout temps aussi vous m'avez esté chere.

MARIANE.

Je suis fort redevable à cet amour de Pere.

ORGON.

C'est fort bien dit, ma fille ; & pour le meriter,
Vous devez n'avoir soin que de me contenter.

MARIANE.

C'est où je mets aussi ma gloire la plus haute.

ORGON.

Fort bien. Que dites-vous de Tartuffe nostre hoste ?

MARIANE.

Qui, moy ?

ORGON.

Vous. Voyez bien comme vous répondrez.

MARIANE.

Helas ! j'en diray, moy, tout ce que vous voudrez.

ORGON.

C'est parler sagement. Dites moy donc, ma fille,
Qu'en toute sa personne un haut merite brille,
Qu'il touche vostre cœur, & qu'il vous seroit dous
De le voir, par mon choix, devenir vostre épous.
Eh ?

Mariane se recule avec surprise.

MARIANE.

Eh ?

ORGON.

Qu'est ce ?

MARIANE.

Plaist-il ?

ORGON.

Quoy ?

MARIANE.

Me suis-je méprise ?

ORGON.

Comment ?

MARIANE.

Qui voulez vous, mon Pere, qui je dise,
Qui me touche le cœur, & qu'il me seroit dous
De voir, par vostre choix, devenir mon épous ?

ORGON.

Tartuffe.

MARIANE.

Il n'en est rien, mon Pere, je vous jure ?
Pourquoy me faire dire une telle imposture ?

ORGON.

Mais je veux que cela soit une verité ;
Est c'est assez pour vous, que je l'aye arresté.

MARIANE.

Quoy ! vous voulez, mon Pere....

ORGON.

Ouy, je pretens, ma Fille,
Unir, par vostre hymen, Tartuffe à ma famille.

Il sera vostre époux, j'ay resolu cela ;
Et comme sur vos vœux je...

SCENE II.

DORINE, ORGON, MARIANE.

ORGON.

Que faites vous là ;
La curiosité qui vous presse, est bien forte,
Mamie, à nous venir écouter de la sorte.

DORINE.

Vrayment je ne sçay pas si c'est un bruit qui part
De quelque conjecture, ou d'un coup de hazard ;
Mais de ce mariage on m'a dit la nouvelle,
Et j'ay traitté cela de pure bagatelle.

ORGON.

Quoy donc, la chose est elle incroyable !

DORINE.

A tel poinct,
Que vous même, Monsieur, je ne vous en croy point.

ORGON.

Je sçay bien le moyen de vous le faire croire.

DORINE.

Ouy, ouy, vous nous contez une plaisante Histoire.

ORGON.

Je conte justement ce qu'on verra dans peu.

DORINE.

Chansons.

ORGON.

Ce que je dis, ma fille, n'est point jeu.

DORINE.

Allez, ne croyez point à Monsieur vostre Pere,
Il raille.

ORGON.

Je vous dy. ..

Do-

DORINE.

Non, vous avez beau faire,
On ne vous croira point.

ORGON.

A la fin, mon courroux...

DORINE.

Hé bien on vous croit donc, & c'est tant pis pour vous
Quoy! se peut-il, Monsieur, qu'avec l'air d'homme sage,
Et cette large barbe au milieu du visage,
Vous soyez assez fou pour vouloir....

ORGON.

Ecoutez.
Vous avez pris ceans certaines privautez
Qui ne me plaisent point; je vous le dis, Mamie.

DORINE.

Parlons sans nous fâcher, Monsieur, je vous suplie.
Vous moquez-vous des gens, d'avoir fait ce complot?
Vostre fille n'est point l'affaire d'un Bigot.
Il a d'autres emplois ausquels il faut qu'il pense;
Et puis, que vous apporte une telle alliance?
A quel sujet aller avec tout vostre bien,
Choisir un Gendre gueux.

ORGON.

Taisez-vous. S'il n'a rien,
Sçachez que c'est par là, qu'il faut qu'on le revere.
Sa misere est sans doute une honneste misere.
Au dessus des grandeurs elle doit l'élever,
Puis qu'enfin de son bien il s'est laissé priver
Par son trop peu de soin des choses temporelles,
Et sa puissante attache aux choses éternelles,
Mais mon secours pourra luy donner les moyens
De sortir d'embarras, & rentrer dans ses biens.
Ce sont Fiefs qu'à bon titre au païs on renomme;
Et tel que l'on le voit, il est bien gentilhomme.

DORINE.

Ouy, c'est luy qui le dit; & cette vanité,

Monſieur, ne ſied pas bien avec la pieté.
Qui d'une ſainte vie embraſſe l'innocence,
Ne doit point tant prôner ſon nom, & ſa naiſſance ;
Et l'humble procedé de la devotion,
Souffre mal les éclats de cette ambition.
A quoy bon cet orgueil.. Mais ce diſcours vous bleſſe,
Parlons de ſa perſonne, & laiſſons ſa nobleſſe.
Ferez-vous poſſeſſeur, ſans quelque peu d'ennuy,
D'une fille comme elle, un homme comme luy ?
Et ne devez vous pas ſonger aux bienſeances,
Et de cette union prevoir les conſequences ?
Sçachez que d'une fille on riſque la vertu,
Lors que dans ſon hymen ſon gouſt eſt combattu ;
Que le deſſein d'y vivre en honneſte perſonne,
Depend des qualitez du mary qu'on luy donne ;
Et que ceux dont par tout on montre au doigt le front,
Font leurs femmes ſouvent, ce qu'on voit qu'elles ſont.
Il eſt bien difficile enfin d'eſtre fidelle
A de certains Maris faits d'un certain modelle ;
Et qui donne à ſa fille un homme qu'elle hait,
Eſt reponſable au Ciel des fautes qu'elle fait.
Songez à quels perils voſtre deſſein vous livre.

ORGON.

Je vous dis qu'il me faut apprendre d'elle à vivre.

DORINE.

Vous n'en feriez que mieux, de ſuivre mes leçons

ORGON.

Ne nous amuſons point, ma fille, à ces chanſons,
Je ſçay ce qu'il vous faut, & je ſuis voſtre Pere.
J'avois donné pour vous ma parole à Valere ;
Mais outre qu'à joüer on dit qu'il eſt enclin,
Je le ſoupçonne encor d'eſtre un peu libertin ;
Je ne remarque point qu'il hante les Egliſes.

DORINE.

Voulez vous qu'il y coure à vos heures preciſes,
Comme ceux qui n'y vont que pour eſtre aperceus ?

ORGON.

Je ne demande pas vostre avis là-dessus.
Enfin, avec le Ciel, l'autre est le mieux du monde,
Et c'est une richesse à nulle autre seconde.
Cet hymen, de tous biens, comblera vos desirs.
Il sera tout confit en douceurs, & plaisirs.
Ensemble vous vivrez, dans vos ardeurs fidelles,
Comme deux vrais enfans, comme deux tourterelles.
A nul facheux debats jamais vous n'en viendrez,
Et vous ferez de luy tout ce que vous voudrez.

DORINE.

Elle ? Elle n'en fera qu'un sot, je vous assure.

ORGON.

Oüais, quels discours !

DORINE.

Je dis qu'il en a l'encolûre,
Et que son ascendant, Monsieur, l'emportera
Sur toute la vertu que vostre fille aura.

ORGON.

Cessez de m'interrompre, & songez à vous taire,
Sans mettre vostre nez où vous n'avez que faire.

DORINE.

Je n'en parle, Monsieur, que pour vostre interest.

Elle l'interrompt toûjours au moment qu'il se retourne pour parler à sa fille.

ORGON.

C'est prendre trop de soin; taisez-vous, s'il vous plaist.

DORINE.

Si l'on ne vous aimoit....

ORGON.

Je ne veux pas qu'on m'aime.

DORINE.

Et je veux vous aimer, Monsieur, malgré vous-même.

ORGON.

Ah !

DORINE.

Vostre honneur m'est cher, & je ne puis souffrir,
Qu'aux brocards d'un chacun vous alliez vous offrir.

ORGON.

Vous ne vous tairez point ?

DORINE.

C'est une conscience,
Que de vous laisser faire une telle alliance.

ORGON.

Te tairas-tu: Serpent, dont les traits effrontez.....

DORINE.

Ah ! vous estes devot, & vous vous emportez ?

ORGON.

Ouy, ma bile s'échauffe à toutes ces fadaises,
Et, tout resolument, je veux que tu te taises.

DORINE.

Soit. Mais ne disant mot, je n'en pense pas moins.

ORGON.

Pense, si tu le veux ; mais applique tes soins
A ne m'en point parler, ou.... Suffit. * Comme sage.
J'ay pesé meurement toutes choses. * *Se retournant vers sa fille.*

DORINE.

J'enrage,
De ne pouvoir parler.

Elle se taist lors qu'il tourne la teste.

ORGON.

Sans estre Damoiseau,
Tartuffe est fait de sorte.....

DORINE.

Ouy, c'est un beau museau.

ORGON.

Que quand tu n'aurois même aucune simpathie
Pour tous les autres dons....

Il se tourne devant elle, & la regarde les bras croisez.

DORINE.

La voilà bien lotie.
Si j'estois en sa place, un homme assurément
Ne m'épouseroit pas de force, impunement ;
Et je luy ferois voir bientost, apres la feste,
Qu'une femme a toûjours une vengeance preste.

ORGON.

Donc, de ce que je dis, on ne fera nul cas?

DORINE.

Dequoy vous plaignez-vous? je ne vous parle pas.

ORGON.

Qu'est-ce que tu fais donc?

DORINE.

Je me parle à moy même.

ORGON.

Fort bien. Pour châtier son insolence extréme,
Il faut que je luy donne un revers de ma main.

Il se met en posture de luy donner un soufflet; & Dorine à chaque coup d'œil qu'il jette se tient droite sans parler.

Ma Fille, vous devez approuver mon dessein....
Croire que le mary.... que j'ay sceu vous elire....
Que ne te parles-tu?

DORINE.

Je n'ay rien à me dire.

ORGON.

Encore un petit mot.

DORINE.

Il ne me plaist pas, moy.

ORGON.

Certes, je t'y guettois.

DORINE.

Quelque sotte, ma foy.

ORGON.

Enfin, ma Fille, il faut payer d'obeïssance,
Et montrer, pour mon choix, entiere deference.

DORINE, *en s'enfuyant.*

Je me mocquerois fort, de prendre un tel époux.

Il luy veut donner un soufflet, & la manque.

ORGON.

Vous avez-là, ma fille, une peste avec vous,
Avec qui, sans peché je ne sçaurois plus vivre.
Je me sens hors d'estat maintenant de poursuivre,
Ses discours insolens m'ont mis l'esprit en feu,
Et je vais prendre l'air, pour me rassoir un peu.

SCENE III.

DORINE, MARIANE.

DORINE.

AVez-vous donc perdu, dites-moy, la parole ?
Et faut-il qu'en ceci je fasse vostre rôle ?
Souffrir qu'on vous propose un projet insensé,
Sans que du moindre mot vous l'ayez repoussé.

MARIANE.

Contre un Pere absolu, que veux-tu que je fasse ?

DORINE.

Ce qu'il faut pour parer une telle menace.

MARIANE.

Quoy ?

DORINE.

Luy dire qu'un cœur n'aime point par autruy ;
Que vous vous mariez pour vous, non pas pour luy ;
Qu'estant celle pour qui se fait toute l'affaire,
C'est à vous, non à luy, que le mary doit plaire ;
Et que si son Tartuffe est pour luy si charmant,
Il le peut épouser, sans nul empeschement.

MARIANE.

Un Pere, je l'avouë, a sur nous tant d'empire,
Que je n'ay jamais eu la force de rien dire.

DORINE.

Mais raisonnons. Valere a fait pour vous des pas ;
L'aimez-vous, je vous prie, ou ne l'aimez vous pas ?

MARIANE.

Ah ! qu'envers mon amour, ton injustice est grande,
Dorine ! Me dois-tu faire cette demande ?
T'ay-je pas là-dessus ouvert cent fois mon cœur ?
Et sçais-tu pas, pour luy, jusqu'où va mon ardeur ?

DORINE.

Que sçay-je si le cœur a parlé par la bouche,
Et si c'est tout de bon que cet amant vous touche ?

MARIANE.

Tu me fais un grand tort, Dorine, d'en douter,

Et mes vrais ſentimens ont ſceu trop éclater.

DORINE.

Enfin vous l'aimez donc?

MARIANE.

Ouy, d'une ardeur extréme.

DORINE.

Et ſelon l'apparence, il vous aime de même?

MARIANE.

Je le croy.

DORINE.

Et tous deux brûlez également.
De vous voir mariez enſemble?

MARIANE.

Aſſurément.

DORINE.

Sur cette autre union, quelle eſt donc voſtre attente?

MARIANE.

De me donner la mort, ſi l'on me violente.

DORINE.

Fort bien. C'eſt un recours où je ne ſongeois pas?
Vous n'avez qu'à mourir, pour ſortir d'embarras:
Le remede ſans doute eſt merveilleux. J'enrage,
Lors que j'entens tenir ces ſortes de langage.

MARIANE.

Mon Dieu, de quelle humeur, Dorine, tu te rens?
Tu ne compatis point aux déplaiſirs des gens.

DORINE.

Je ne compatis point à qui dit des ſornettes,
Et dans l'occaſion mollit comme vous faites.

MARIANE.

Mais que veux-tu? ſi j'ay de la timidité.

DORINE.

Mais l'amour dans un cœur veut de la fermeté.

MARIANE.

Mais n'en gardé-je pas pour les feux de Valere?
Et n'eſt-ce pas à luy de m'obtenir d'un Pere?

DORINE.

Mais quoy? ſi voſtre Pere eſt un bourru fieffé,

Qui s'est de son Tartuffe entierement coiffé,
Et manque à l'union qu'il avoit arrestée,
La faute à vostre amant doit-elle estre imputée?

MARIANE.

Mais par un haut refus, & d'éclatans mépris,
Feray-je, dans mon choix, voir un cœur trop épris?
Sortiray-je pour luy, quelque éclat dont il brille,
De la pudeur du sexe, & du devoir de fille?
Et veux tu que mes feux par le monde étalez....

DORINE.

Non, non, je ne veux rien. Je vois que vous voulez
Estre à Monsieur Tartuffe; & j'aurois, quand j'y pense,
Tort de vous détourner d'une telle alliance.
Quelle raison aurois-je à combattre vos vœux?
Le parti de soy-même, est fort avantageux.
Monsieur Tartuffe! Oh, oh, n'est-ce rien qu'on propose?
Certes, Monsieur Tartuffe, à bien prendre la chose,
N'est pas un homme, non, qui se mouche du pié,
Et ce n'est pas peu d'heur, que d'estre sa moitié.
Tout le monde deja de gloire le couronne,
Il est noble chez luy, bien fait de sa personne,
Il a l'oreille rouge, & le teint bien fleury;
Vous vivrez trop contente avec un tel mary.

MARIANE.

Mon Dieu....

DORINE.

Quelle allegresse aurez-vous dans vostre ame,
Quand d'un époux si beau vous vous verrez la femme.

MARIANE.

Ha, cesse, je te prie, un semblable discours,
Et contre cet hymen ouvre-moy du secours.
C'en est fait, je me rens, & suis preste à tout faire.

DORINE.

Non, il faut qu'une fille obeïsse à son Pere,
Voulust-il luy donner un singe pour époux.
Vostre sort est fort beau, dequoy vous plaignez-vous?
Vous irez par le coche en sa petite ville,

Qu'en

Qu'en Oncles, & Cousins, vous trouverez fertile ;
Et vous vous plairez fort à les entretenir.
D'abord chez le beau monde on vous fera venir.
Vous irez visiter, pour vostre bien-venuë,
Madame la Baillive, & Madame l'Eleuë,
Qui d'un siege-pliant vous feront honorer.
Là, dans le Carneval, vous pourrez esperer
Le bal, & la grand'bande, à sçavoir, deux musettes,
Et, par-fois, fagotin, & les Marionettes.
Si pourtant vostre époux....

MARIANE.

Ah ! tu me fais mourir,
De tes conseils, plûtost, songe à me secourir.

DORINE.

Je suis vostre servante.

MARIANE.

Eh, Dorine, de grace....

DORINE.

Il faut, pour vous punir, que cette affaire passe.

MARIANE.

Ma pauvre Fille !

DORINE,

Non.

MARIANE.

Si mes vœux declarez....

DORINE.

Point, Tartuffe est vostre homme, & vous en tâterez.

MARIANE.

Tu sçais qu'à toy toûjours je me suis confiée.
Fay-moy...

DORINE.

Non, vous serez, ma foy, Tartuffiée.

MARIANE.

Hé bien, puis que mon sort ne sçauroit t'émouvoir,
Laisse-moy desormais toute à mon desespoir.
C'est de luy que mon cœur empruntera de l'aide,
Et je sçais, de mes maux, l'infaillible remede.

Elle veut s'en aller.

DO-

DORINE.

Hé, là, là, revenez ; je quitte mon courrous.
Il faut, nonobstant tout, avoir pitié de vous.

MARIANE.

Vois-tu, si l'on m'expose à ce cruel martyre,
Je te le dis, Dorine, il faudra que j'expire.

DORINE.

Ne vous tourmentez point, on peut adroitement,
Empescher.... Mais voici Valere vostre amant.

SCENE IV.

VALERE, MARIANE, DORINE.

VALERE.

On vient de debiter, Madame, une nouvelle,
Que je ne sçavois pas, & qui sans doute est belle.

MARIANE.

Quoy?

VALERE.

Que vous épousez Tartuffe.

MARIANE.

Il est certain
Que mon Pere s'est mis en teste ce dessein.

VALERE.

Vostre Pere, Madame....

MARIANE.

A changé de visée.
La chose vient par luy de m'estre proposée.

VALERE.

Quoy, serieusement?

MARIANE.

Ouy, serieusement ;
Il s'est, pour cet hymen, declaré hautement.

VALERE.

Et quel est le dessein où vostre ame s'arreste,
Madame?

MARIANE.

Je ne sçay.

VALERE.

La réponse est honneste.

Vous ne sçavez?

MARIANE.

Non.

VALERE.

Non.

MARIANE.

Que me conseillez vous?

VALERE.

Je vous conseille, moy, de prendre cet épous.

MARIANE.

Vous me le conseillez?

VALERE.

Ouy.

MARIANE.

Tout de bon!

VALERE.

Sans doute.

Le choix est glorieux, & vaut bien qu'on l'écoute.

MARIANE.

Hé bien, c'est un conseil, Monsieur, que je reçoy.

VALERE.

Vous n'aurez pas grand'peine à le suivre, je croy.

MARIANE.

Pas plus qu'à le donner en a souffert vostre ame.

VALERE.

Moy, je vous l'ay donné pour vous plaire, Madame.

MARIANE.

Et moy, je le suivray, pour vous faire plaisir.

DORINE.

Voyons ce qui pourra de ceci reüssir.

VALERE.

C'est donc ainsi qu'on aime? & c'estoit tromperie,
Quand vous....

MARIANE.

Ne parlons point de cela, je vous prie.
Vous m'avez dit tout franc, que je dois accepter
Celuy que pour époux, on me veut presenter :
Et je declare, moy, que je pretens le faire,
Puis que vous m'en donnez le conseil salutaire.

VALERE.

Ne vous excusez point sur mes intentions,
Vous aviez pris deja vos resolutions ;
Et vous vous saisissez d'un pretexte frivole,
Pour vous autoriser à manquer de parole.

MARIANE.

Il est vray, c'est bien dit.

VALERE.

Sans doute, & vostre cœur
N'a jamais eu pour moy de veritable ardeur.

MARIANE.

Helas ! permis à vous d'avoir cette pensée ?

VALERE.

Ouy, ouy, permis à moy ; mais mon ame offensée
Vous previendra, peut-estre, en un pareil dessein ;
Et je sçais où porter, & mes vœux, & ma main.

MARIANE.

Ah ! je n'en doute point ; & les ardeurs qu'excite
Le merite....

VALERE.

Mon Dieu, laissons là le merite ;
J'en ay fort peu, sans doute, & vous en faites foy :
Mais j'espere aux bontez qu'une autre aura pour moy,
Et j'en sçay de qui l'ame, à ma retraite ouverte,
Consentira sans honte à reparer ma perte.

MARIANE.

La perte n'est pas grande, & de ce changement
Vous vous consolerez assez facilement.

VALERE.

J'y feray mon possible, vous le pouvez croire.
Un cœur qui nous oublie, engage nostre gloire.

Il

Il faut à l'oublier, mettre aussi tous nos soins,
Si l'on n'en vient à bout, on le doit feindre au moins;
Et cette lâcheté jamais ne se pardonne,
De montrer de l'amour pour qui nous abandonne.

MARIANE.

Ce sentiment, sans doute, est noble, & relevé.

VALERE.

Fort bien, & d'un chacun il doit estre approuvé.
He quoy! vous voudriez qu'à jamais, dans mon ame,
Je gardasse pour vous les ardeurs de ma flame?
Et vous visse, à mes yeux, passer en d'autres bras,
Sans mettre ailleurs un cœur dont vous ne voulez pas?

MARIANE.

Au contraire, pour moy, c'est ce que je souhaite;
Et je voudrois déja que la chose fût faite.

VALERE.

Vous le voudriez?

MARIANE.

Ouy.

VALERE.

C'est assez m'insulter,
Madame, & de ce pas je vais vous contenter.

Il fait un pas pour s'en aller, & revient toûjours.

MARIANE.

Fort bien.

VALERE.

Souvenez-vous au moins, que c'est vous même
Qui contraignez mon cœur à cet effort extreme.

MARIANE.

Ouy.

VALERE.

Et que le dessein que mon ame conçoit,
N'est rien qu'à vostre exemple.

MARIANE.

A mon exemple soit.

VALERE.

Suffit; vous allez estre à point nommé servie.

MARIANE.

Tant-mieux.

VALERE.

Vous me voyez, c'est pour toute ma vie.

MARIANE.

A la bonne heure.

VALERE.

Euh ? *Il s'en va ; & lors qu'il est vers la porte, il se retourne.*

MARIANE.

Quoy ?

VALERE.

Ne m'appellez-vous pas ?

MARIANE.

Moy ? vous révez.

VALERE.

Hé bien, je poursuis donc mes pas.
Adieu, Madame.

MARIANE.

Adieu, Monsieur.

DORINE.

Pour moy, je pense
Que vous perdez l'esprit, par cette extravagance ;
Et je vous ay laissé tout du long quereller,
Pour voir où tout cela pourroit enfin aller.
Hola, Seigneur Valere. *Elle va l'arrester par le bras, & luy fait mine de grande resistance.*

VALERE.

Hé, que veux tu, Dorine ?

DORINE.

Venez ici.

VALERE.

Non, non, le dépit me domine.
Ne me détourne point de ce qu'elle a voulu.

DORINE.

Arrestez.

VALERE.

Non, vois-tu, c'est un point resolu.

DO-

DORINE.

Ah.

MARIANE.

Il souffre à me voir, ma presence le chasse ;
Et je feray bien mieux, de luy quitter la place.

DORINE.

Elle quitte Valere, & court à Mariane.

A l'autre. Où courez-vous ?

MARIANE.

Laisse.

DORINE.

Il faut revenir.

MARIANE.

Non, non, Dorine, en vain tu veux me retenir.

VALERE.

Je voy bien que ma veuë est pour elle un supplice ;
Et sans doute, il vaut mieux que je l'en affranchisse.

DORINE.

Elle quitte Mariane, & court à Valere.

Encor ? Diantre soit fait de vous, si je le veux,
Cessez ce badinage, & venez-çà tous deux.

Elle les tire l'un & l'autre.

VALERE.

Mais quel est ton dessein,

MARIANE.

Qu'est ce que tu veux faire ?

DORINE.

Vous bien remettre ensemble, & vous tirer d'affaire ;
Estes-vous fou, d'avoir un pareil démeslé ?

VALERE.

N'as tu pas entendu comme elle m'a parlé ?

DORINE.

Estes-vous folle, vous, de vous estre emportée ?

MARIANE.

N'as-tu pas veu la chose, & comme il m'a traittée ?

DORINE.

Sottise des deux parts. Elle n'a d'autre soin,
Que de se conserver à vous, j'en suis témoin.

Il n'aime que vous seule, & n'a point d'autre envie
Que d'estre vostre époux ; j'en répons sur ma vie.

MARIANE.

Pourquoy donc me donner un semblable conseil ?

VALERE.

Pourquoy m'en demander sur un sujet pareil ?

DORINE.

Vous estes foux tous deux. Çà, la main l'un, & l'autre
Allons, vous.

VALERE,

En donnant sa main à Dorine.

A quoy bon ma main ?

DORINE.

Ah ! çà, là vostre.

MARIANE.

En donnant aussi sa main.

Dequoy sert tout cela ?

DORINE.

Mon Dieu, viste, avancez.
Vous vous aimez tous deux plus que vous ne pensez.

VALERE.

Mais ne faites donc point les choses avec peine,
Et regardez un peu les gens sans nulle haine.

Mariane tourne l'œil sur Valere, & fait un petit soûris.

DORINE.

A vous dire le vray, les amans sont bien foux !

VALERE.

Ho-çà, n'ay-je pas lieu de me plaindre de vous ?
Et pour n'en point mentir, n'estes-vous pas méchante,
De vous plaire à me dire une chose affligeante ?

MARIANE.

Mais vous, n'estes-vous pas l'homme le plus ingrat...

DORINE.

Pour une autre saison, laissons tout ce debat,
Et songeons à parer ce fâcheux mariage.

MARIANE.

Dy-nous donc quels ressorts il faut mettre en usage.

DORINE.

Nous en ferons agir de toutes les façons.
Vostre Pere se mocque, & ce sont des chansons.
Mais, pour vous, il vaut mieux qu'à son extravagance,
D'un doux consentement vous prestiez l'apparence,
Afin qu'en cas d'alarme, il vous soit plus aisé
De tirer en longueur cet hymen proposé.
En attrapant du temps, à tout on remedie.
Tantost vous payerez de quelque maladie,
Qui viendra tout à coup, & voudra des delais.
Tantost vous payerez de presages mauvais;
Vous aurez fait d'un mort la rencontre fâcheuse,
Cassé quelque miroir, ou songé d'eau bourbeuse.
Enfin le bon de tout, c'est qu'à d'autres qu'à luy,
On ne vous peut lier, que vous ne disiez oüy.
Mais pour mieux reüssir, il est bon, ce me semble,
Qu'on ne vous trouve point tous deux parlant ensemble.
à Valere. Sortez, & sans tarder, employez vos Amis
Pour vous faire tenir ce qu'on vous a promis.
Nous allons réveiller les efforts de son Frere,
Et dans nostre party jetter la Belle-Mere.
Adieu.

VALERE *à Mariane.*

Quelques efforts que nous preparions tous,
Ma plus grande esperance, à vray dire, est en vous.

MARIANE *à Valere.*

Je ne vous répons pas des volontez d'un Pere;
Mais je ne seray point à d'autre qu'à Valere.

VALERE.

Que vous me comblez d'aise! & quoy que puisse oser.....

DORINE.

Ah! jamais les Amans ne sont las de jaser.
Sortez, vous dy-je.

Il fait un pas, & revient.

VALERE.

Enfin....

DORINE.

Quel caquet est le vostre?

Tirez de cette part ; & vous, tirez de l'autre.

Les poussant chacun par l'épaule.

Fin du second Acte.

ACTE III.

SCENE I.

DAMIS, DORINE.

DAMIS.

QUe la Foudre, sur l'heure, acheve mes destins ;
Qu'on me traitte par tout, du plus grand des Faquins,
S'il est aucun respect, ny pouvoir, qui m'arreste.
Et si je ne fais pas quelque coup de ma teste.

DORINE.

De grace, moderez un tel emportement,
Vostre Pere n'a fait qu'en parler simplement :
On n'execute pas tout ce qui se propose ;
Et le chemin est long, du projet à la chose.

DAMIS.

Il faut que de ce Fat j'arreste les complots,
Et qu'à l'oreille, un peu, je luy dise deux mots.

DORINE.

Ha, tout doux; envers luy, comme envers vostre Pere,
Laissez agir les soins de vostre Belle-Mere.
Sur l'esprit de Tartuffe, elle a quelque credit ;
Il se rend complaisant à tout ce qu'elle dit,
Et pourroit bien avoir douceur de cœur pour elle.

Plût

Plût à Dieu qu'il fût vray ! la chose seroit belle.
Enfin vostre interest l'oblige à le mander ;
Sur l'hymen qui vous trouble, elle veut le sonder,
Sçavoir ses sentimens, & luy faire connoistre
Quels fâcheux démeslez il pourra faire naistre ;
S'il faut qu'à ce dessein il preste quelque espoir.
Son Valet dit qu'il prie, & je n'ay pû le voir :
Mais ce Valet m'a dit qu'il s'en alloit descendre.
Sortez donc, je vous prie, & me laissez l'attendre.

DAMIS.

Je puis estre present à tout cet entretien.

DORINE.

Point, il faut qu'ils soient seuls.

DAMIS.

Je ne luy diray rien.

DORINE.

Vous vous mocquez ; on sçait vos transports ordinaires,
Et c'est le vray moyen de gaster les affaires.
Sortez.

DAMIS.

Non, je veux voir sans me mettre en courrous.

DORINE.

Que vous estes fâcheux ! Il vient, retirez-vous.

SCENE II.

TARTUFFE, LAURENT, DORINE.

TARTUFFE, *apercevant Dorine.*

LAurent, serrez ma Haire, avec ma Discipline,
Et priez que toujours le Ciel vous illumine.
Si l'on vient pour me voir, je vais aux prisonniers,
Des aumônes que j'ay, partager les deniers.

DORINE.

Que d'affectation, & de forfanterie !

TARTUFFE.

Que voulez-vous ?

DORINE.

Vous dire....

TARTUFFE.

Il tire un mouchoir de sa poche.

Ah ! mon Dieu, je vous prie,
Avant que de parler, prenez moy ce mouchoir.

DORINE.

Comment ?

TARTUFFE.

Couvrez ce Sein, que je ne sçaurois voir.
Par de pareils objets les ames sont blessées,
Et cela fait venir de coupables pensées.

DORINE.

Vous estes donc bien tendre à la tentation ;
Et la Chair, sur vos sens, fait grande impression ?
Certes, je ne sçay pas quelle chaleur vous monte :
Mais à convoiter, moy, je ne suis point si promte ;
Et je vous verrois nû du haut jusques en bas,
Que toute vostre peau ne me tenteroit pas.

TARTUFFE.

Mettez dans vos discours un peu de modestie,
Ou je vais, sur le champ, vous quitter la partie.

DORINE.

Non, non, c'est moy qui vais vous laisser en repos,
Et je n'ay seulement qu'à vous dire deux mots.
Madame va venir dans cette Salle basse,
Et d'un mot d'entretien vous demande la grace.

TARTUFFE.

Helas ! tres-volontiers.

DORINE *en soy-même.*

Comme il se radoucit !
Ma foy, je suis toûjours pour ce que j'en ay dit.

TARTUFFE.

Viendra-t-elle bientost ?

DORINE.

Je l'entens, ce me semble.
Oüy, c'est elle en personne, & je vous laisse ensemble.

SCE-

SCENE III.

ELMIRE, TARTUFFE.

TARTUFFE.

QUe le ciel à jamais, par sa toute-bonté,
Et de l'ame, & du corps, vous donne la santé;
Et benisse vos jours autant que le desire
Le plus humble de ceux que son amour inspire.

ELMIRE.

Je suis fort obligée à ce souhait pieux:
Mais prenons une Chaise, afin d'estre un peu mieux.

TARTUFFE.

Comment, de vostre mal, vous sentez-vous remise?

ELMIRE.

Fort bien; & cette fievre a bien-tost quitté prise.

TARTUFFE.

Mes prieres n'ont pas le merite qu'il faut
Pour avoir attiré cette grace d'enhaut:
Mais je n'ay fait au ciel nulle devote instance,
Qui n'ait eu pour objet vostre convalescence.

ELMIRE.

Vostre zele pour moy s'est trop inquieté.

TARTUFFE.

On ne peut trop cherir vostre chere santé;
Et pour la rétablir, j'aurois donné la mienne.

ELMIRE.

C'est pousser bien avant la charité Chrestienne;
Et je vous dois beaucoup, pour toutes ces bontez.

TARTUFFE.

Je fais bien moins pour vous, que vous ne meritez.

ELMIRE.

J'ay voulu vous parler en secret, d'une affaire,
Et suis bien-aise, icy, qu'aucun ne nous éclaire.

TARTUFFE.

J'en suis ravi de même; & sans doute il m'est dous,
Madame, de me voir seul à seul, avec vous.

C'est une occasion qu'au ciel j'ay demandée,
Sans que, jusqu'à cette heure, il me l'ait accordée.

ELMIRE.

Pour moy, ce que je veux, c'est un mot d'entretien,
Où tout vostre cœur s'ouvre, & ne me cache rien.

TARTUFFE.

Et je ne veux aussi, pour grace singuliere,
Que montrer à vos yeux mon ame toute entiere;
Et vous faire serment, que les bruits que j'ay faits,
Des visites qu'icy reçoivent vos attraits,
Ne sont pas, envers vous, l'effet d'aucune haine;
Mais plûtost d'un transport de zele qui m'entraîne,
Et d'un pur mouvement....

ELMIRE.

Je le prens bien aussy,
Et croy que mon salut vous donne ce soucy.

TARTUFFE.

Il luy serre les bouts des doigts.

Oüy, Madame, sans doute; & ma ferveur est telle....

ELMIRE.

Ouf, vous me serrez trop.

TARTUFFE.

C'est par excés de zele.
De vous faire autre mal, je n'eus jamais dessein,
Et j'aurois bien plûtost....

Il luy met la main sur le genoû.

ELMIRE.

Que fait là vostre main?

TARTUFFE.

Je taste vostre habit, l'étoffe en est moüelleuse.

ELMIRE.

Ah! de grace, laissez, je suis fort chatoüilleuse.

Elle recule sa Chaise, & Tartuffe raproche la sienne.

TARTUFFE.

Mon Dieu, que de ce point l'ouvrage est merveilleuse!
On travaille aujourd'huy d'un air miraculeux;
Jamais, en toute chose, on n'a veu si bien faire.

ELMIRE.

Il est vray. Mais parlons un peu de nostre affaire.
On tient que mon Mary veut dégager sa foy,
Et vous donner sa Fille ; Est il vray, dites-moy ?

TARTUFFE.

Il m'en a dit deux mots : mais, Madame, à vray dire,
Ce n'est pas le bonheur aprés quoy je soûpire ;
Et je vois autre-part les merveilleux attraits
De la felicité qui fait tous mes souhaits.

ELMIRE.

C'est que vous n'aimez rien des choses de la Terre.

TARTUFFE.

Mon sein n'enferme pas un cœur qui soit de pierre.

ELMIRE.

Pour moy je croy qu'au Ciel tendent tous vos soûpirs,
Et que rien, icy-bas, n'arreste vos desirs.

TARTUFFE.

L'amour qui nous attache aux Beautez éternelles,
N'étouffe pas en nous l'amour des temporelles.
Nos sens facilement peuvent estre charmez
Des ouvrages parfaits que le Ciel a formez.
Ses attraits reflêchis brillent dans vos pareilles :
Mais il étale en vous ses plus rares merveilles.
Il a sur vostre face épanché des beautez,
Dont les yeux sont surpris, & les cœurs transportez ;
Et je n'ay pû vous voir, parfaite Creature,
Sans admirer en vous l'Autheur de la Nature,
Et d'une ardente amour sentir mon cœur atteint,
Au plus beau des Portraits où luy-même il s'est peint.
D'abord j'apprehenday que cette ardeur secrette
Ne fust du noir Esprit une surprise adroite ;
Et même à fuir vos yeux, mon cœur se resolut,
Vous croyant un obstacle à faire mon salut.
Mais enfin je connus, ô Beauté toute aimable,
Que cette passion peut n'estre point coupable ;
Que je puis l'ajuster avecque la pudeur.
Et c'est ce qui m'y fait abandonner mon cœur.
Ce m'est, je le confesse, une audace bien grande,

Que d'oser, de ce cœur, vous adresser l'offrande;
Mais j'attens, en mes vœux, tout de vostre bonté,
Et rien des vains efforts de mon infirmité.
En vous est mon espoir, mon bien, ma quietude:
De vous dépend ma peine, ou ma beatitude;
Et je vais estre enfin, par vostre seul Arrest,
Heureux, si vous voulez; malheureux, s'il vous plaist.

ELMIRE.

La declaration est tout-à-fait galante:
Mais elle est, à vray dire, un peu bien surprenante.
Vous deviez, ce me semble, armer mieux vostre sein,
Et raisonner un peu sur un pareil dessein.
Un Devot comme vous, & que par tout on nomme....

TARTUFFE.

Ah! pour estre Devot, je n'en suis pas moins Homme;
Et lors qu'on vient à voir vos celestes appas,
Un cœur se laisse prendre, & ne raisonne pas.
Je sçay qu'un tel discours de moy paroist étrange;
Mais, Madame, aprés tout, je ne suis pas un Ange;
Et si vous condamnez l'aveu que je vous fais,
Vous devez vous en prendre à vos charmans attraits.
Dés que j'en vis briller la splendeur plus qu'humaine,
De mon interieur vous fûtes souveraine.
De vos regards divins, l'ineffable douceur,
Força la resistance où s'obstinoit mon cœur;
Elle surmonta tout, jeusnes, prieres, larmes,
Et tourna tous mes vœux du costé de vos charmes.
Mes yeux, & mes soûpirs, vous l'ont dit mille fois;
Et pour mieux m'expliquer, j'employe icy la voix.
Que si vous contemplez, d'une ame un peu benigne,
Les tribulations de vostre Esclave indigne;
S'il faut que vos bontez veuillent me consoler,
Et jusqu'à mon neant daignent se ravaler,
J'auray toûjours pour vous, ô suave merveille,
Une devotion à nulle autre pareille.
Vostre honneur, avec moy, ne court point de hazard;
Et n'a nulle disgrace à craindre de ma part.

Tous ces galans de cour, dont les femmes sont foles,
Sont bruyans dans leurs faits, & vains dans leurs paroles.
De leurs progrés sans cesse on les voit se targuer;
Ils n'ont point de faveurs, qu'ils n'aillent divulguer;
Et leur langue indiscrette, en qui l'on se confie,
Deshonore l'Autel où leur cœur sacrifie:
Mais les Gens comme nous, brûlent d'un feu discret,
Avec qui pour toûjours on est seur du secret.
Le soin que nous prenons de nostre renommée,
Répond de toute chose à la personne aimée;
Et c'est en nous qu'on trouve, acceptant nostre cœur,
De l'amour sans scandale, & du plaisir sans peur.

ELMIRE.

Je vous écoute dire, & vostre Rhetorique,
En termes assez forts, à mon ame s'explique.
N'apprehendez-vous point, que je ne sois d'humeur
A dire à mon Mary cette galante ardeur?
Et que le prompt avis d'un amour de la sorte,
Ne pust bien alterer l'amitié qu'il vous porte?

TARTUFFE.

Je sçay que vous avez trop de benignité,
Et que vous ferez grace à ma temerité?
Que vous m'excuserez sur l'humaine foiblesse
Des violens transports d'un amour qui vous blesse;
Et considererez, en regardant vostre air,
Que l'on n'est pas aveugle, & qu'un Homme est de chair.

ELMIRE.

D'autres prendroient cela d'autre façon, peut-estre.
Mais ma discretion se veut faire paroistre.
Je ne rediray point l'affaire à mon Epoux;
Mais je veux en revanche une chose de vous.
C'est de presser tout franc, & sans nulle chicane,
L'union de Valere avecque Mariane;
De renoncer vous-même à l'injuste pouvoir
Qui veut du bien d'un autre enrichir vostre espoir;
Et....

SCENE IV.

DAMIS, ELMIRE, TARTUFFE.

DAMIS *sortant du petit cabinet, où il s'estoit retiré.*

Non, Madame, non, cecy doit se répandre.
J'estois en cet endroit, d'où j'ay pû tout entendre;
Et la bonté du ciel m'y semble avoir conduit,
Pour confondre l'orgueil d'un Traistre qui me nuit;
Pour m'ouvrir une voie à prendre la vangeance
De son hypocrisie, & de son insolence;
A détromper mon Pere, & luy mettre en plein jour
L'ame d'un Scelerat qui vous parle d'amour.

ELMIRE.

Non, Damis, il suffit qu'il se rende plus sage,
Et tâche à meriter la grace où je m'engage.
Puis que je l'ay promis, ne m'en dédites pas.
Ce n'est point mon humeur de faire des éclats;
Une Femme se rit de sottises pareilles,
Et jamais d'un Mary n'en trouble les oreilles.

DAMIS.

Vous avez vos raisons pour en user ainsy;
Et pour faire autrement, j'ay les miennes aussy.
Le vouloir épargner, est une raillerie;
Et l'insolent orgueil de sa Cagotterie,
N'a triomphé que trop de mon juste courrous,
Et que trop excité de desordre chez nous.
Le Fourbe, trop long-temps, a gouverné mon Pere,
Et desservi mes feux avec ceux de Valere.
Il faut que du Perfide il soit desabusé,
Et le ciel, pour cela, m'offre un moyen aisé.
De cette occasion, je luy suis redevable;
Et pour la negliger, elle est trop favorable.
Ce seroit meriter qu'il me la vinst ravir,
Que de l'avoir en main, & ne m'en pas servir.

ELMIRE.

Damis....

DAMIS.

Non, s'il vous plaist, il faut que je me croie.
Mon ame est maintenant au comble de sa joie ;
Et vos discours en vain pretendent m'obliger
A quitter le plaisir de me pouvoir vanger.
Sans aller plus avant, je vais vuider d'affaire,
Et voicy justement dequoy me satisfaire.

SCENE V.

ORGON, DAMIS, TARTUFFE, ELMIRE.

DAMIS.

NOus allons regaler, mon Pere vostre abord :
D'un incident tout frais, qui vous surprendra fort.
Vous estes bien payé de toutes vos caresses ;
Et Monsieur, d'un beau prix, reconnoist vos tendresses.
Son grand zele, pour vous, vient de se declarer.
Il ne va pas à moins qu'à vous deshonorer ;
Et je l'ay surpris, là, qui faisoit à Madame
L'injurieux aveu d'une coupable flâme.
Elle est d'une humeur douce, & son cœur trop discret
Vouloit, à toute force, en garder le secret :
Mais je ne puis flatter une telle impudence,
Et crois que vous la taire, est vous faire une offence.

ELMIRE.

Ouy, je tiens que jamais, de tous ces vains propos,
On ne doit d'un Mary traverser le repos ;
Que ce n'est point de là que l'honneur peut dependre,
Et qu'il suffit pour nous, de sçavoir nous defendre.
Ce sont mes sentimens ; & vous n'auriez rien dit,
Damis, si j'avois eu sur vous quelque credit.

SCENE VI.

ORGON, DAMIS, TARTUFFE.

ORGON.

Ce que je viens d'entendre, ô Ciel est-il croyable?

TARTUFFE.

Oüy, mon frere, je suis un méchant, un coupable,
Un malheureux Pecheur, tout plein d'iniquité,
Le plus grand scelerat qui jamais ait esté.
Chaque instant de ma vie est chargé de soüillures,
Elle n'est qu'un amas de crimes, & d'ordures;
Et je voy que le Ciel, pour ma punition,
Me veut mortifier en cette occasion.
De quelque grand forfait qu'on me puisse reprendre,
Je n'ay garde d'avoir l'orgueil de m'en defendre.
Croyez ce qu'on vous dit, armez vostre courrous,
Et comme un criminel, chassez-moy de chez vous.
Je ne sçaurois avoir tant de honte en partage,
Que je n'en aye encor merité davantage.

ORGON *à son Fils.*

Ah! traistre, oses tu bien, par cette fausseté,
Vouloir de sa vertu tenir la pureté?

DAMIS.

Quoy! la feinte douceur de cette ame hypocrite
Vous fera dementir....

ORGON.

Tay-toy, peste maudite.

TARTUFFE.

Ah! laissez-le parler, vous l'accusez à tort,
Et vous ferez bien mieux de croire à son raport.
Pourquoy, sur un tel fait, m'estre si favorable?
Sçavez-vous, aprés tout, dequoy je suis capable?
Vous fiez-vous, mon Frere, à mon exterieur?
Et pour tout ce qu'on voit, me croyez vous meilleur?
Non, non, vous vous laissez tromper à l'apparence,

Et

Et je ne ſuis rien moins, helas! que ce qu'on penſe.
Tout le monde me prend pour un Homme de bien;
Mais la verité pure, eſt, que je ne vaux rien.

S'adreſſant à Damis.

Ouy, mon cher Fils. parlez, traittez-moy de perfide,
D'infame, de perdu, de voleur, d'homicide.
Accablez moy de noms encor plus deteſtez.
Je n'y contredis point, je les ay meritez,
Et j'en veux à genoux ſouffrir l'ignominie,
Comme une honte deuë aux crimes de ma vie.

ORGON. *à Tartuffe.*

Mon Frere, c'en eſt trop. Ton cœur ne ſe rend point,
Traiſtre. *à ſon Fils.*

DAMIS.

Quoy! ſes diſcours vous ſeduiront au poinct....

ORGON.

Tay-toy, pendart. Mon frere, eh! levez-vous, de grace.
Infame. *à Tartuffe.*

à ſon Fils. DAMIS.

Il peut....

ORGON.

Tay-toy.

DAMIS.

J'enrage! Quoy, je paſſe....

ORGON.

Si tu dis un ſeul mot, je te rompray les bras.

TARTUFFE.

Mon Frere, au nom de Dieu, ne vous emportez pas.
J'aimerois mieux ſouffrir la peine la plus dure,
Qu'il eût receu pour moy la moindre égratignûre.

ORGON.

Ingrat.

à ſon Fils. TARTUFFE.

Laiſſez-le en paix. S'il faut à deux genoux
Vous demander ſa grace....

ORGON, *à Tartuffe.*

Helas! vous moquez-vous?
Coquin, voy ſa bonté. *à ſon fils.*

DAMIS.

Donc....

ORGON.

Paix.

DAMIS.

Quoy, je....

ORGON.

Paix, dis je.

Je sçay bien quel motif, à l'attaquer, t'oblige.
Vous le haïssez tous, & je vois aujourd'huy,
Femme, Enfans, & Valets, dechaînez contre luy.
On met impudemment toute chose en usage,
Pour oster de chez moy ce devot Personnage:
Mais plus on fait d'effort affin de l'en bannir,
Plus j'en veux employer à l'y mieux retenir;
Et je vais me haster de luy donner ma Fille,
Pour confondre l'orgueil de toute ma Famille.

DAMIS,

A recevoir sa main, on pense l'obliger?

ORGON.

Oüy, traistre; & dés ce soir, pour vous faire enrager,
Ah! je vous brave tous, & vous feray connoistre,
Qu'il faut qu'on m'obeïsse, & que je suis le Maistre.
Allons, qu'on se retracte, & qu'à l'instant, fripon.
On se jette à ses pieds, pour demander pardon.

DAMIS,

Qui, moy? de ce coquin, qui par ses impostures....

ORGON.

Ah! tu resistes, gueux, & luy dis des injures!
Un baston, un baston. *à Tartuffe.* Ne me retenez pas.
à son Fils. Sus, que de ma Maison on sorte de ce pas,
Et que d'y revenir, on n'ait jamais l'audace.

DAMIS.

Oüy, je sortiray, mais....

ORGON.

Viste, quittons la place.

Je te prive, pendart, de ma succession,
Et te donne, de plus, ma malediction.

SCENE VII.

ORGON, TARTUFFE.

ORGON.

Offenser de la sorte une sainte Personne!

TARTUFFE.

O Ciel! pardonne-luy la douleur qu'il me donne.
à Orgon. Si vous pouviez sçavoir avec quel déplaisir
Je vois qu'envers mon Frere, on tâche à me noircir...

ORGON.

Helas!

TARTUFFE.

Le seul penser de cette ingratitude
Fait souffrir à mon ame un suplice si rude....
L'horreur que j'en conçoy.... J'ay le cœur si serré,
Que je ne puis parler, & croy que j'en mourray.

ORGON.

Il court tout en larmes à la Porte par où il a chassé son Fils.

Coquin. Je me repens que ma main t'ait fait grace,
Et ne t'ait pas d'abord assommé sur la place.
Remettez vous, mon Frere, & ne vous fâchez pas.

TARTUFFE.

Rompons, rompons le cours de ces fâcheux debats.
Je regarde ceans quels grans troubles j'aporte,
Et croy qu'il est besoin, mon Frere, que j'en sorte.

ORGON.

Comment? Vous mocquez-vous?

TARTUFFE.

On m'y hait, & je croy
Qu'on cherche à vous donner des soupçons de ma foy.

ORGON.

Qu'importe; Voyez-vous que mon cœur les écoute?

TARTUFFE.

On ne manquera pas de poursuivre, sans doute;
Et ces mêmes raports, qu'icy vous rejettez,

Peut-

Peut-estre, une autre fois, seront ils écoutez.

ORGON.

Non, mon Frere, jamais.

TARTUFFE.

Ah! mon Frere, une Femme
Aisement, d'un Mary, peut bien surprendre l'ame.

ORGON.

Non, non.

TARTUFFE.

Laissez-moy viste, en m'éloignant d'icy,
Leur oster tout sujet de m'attaquer ainsy.

ORGON.

Non, vous demeurerez, il y va de ma vie.

TARTUFFE.

Hé bien, il faudra donc que je me mortifie.
Pourtant, si vous vouliez....

ORGON.

Ah!

TARTUFFE.

Soit, n'en parlons plus.
Mais je sçay comme il faut en user là-dessus.
L'honneur est delicat, & l'amitié m'engage
A prevenir les bruits, & les sujets d'ombrage.
Je fuiray vostre Epouse, & vous ne me verrez....

ORGON.

Non, en dépit de tous, vous la frequenterez.
Faire enrager le monde, est ma plus grande joie,
Et je veux qu'à toute heure avec elle ont vous voie.
Ce n'est pas tout encor; pour les mieux braver tous,
Je ne veux point avoir d'autre heritier que vous;
Et je vais de ce pas, en fort bonne maniere,
Vous faire de mon bien, donation entiere.
Un bon & franc Amy, que pour Gendre je prens,
M'est bien plus cher que Fils, que Femme, & que Parens.
N'accepterez-vous pas ce que je vous propose?

TARTUFFE.

La volonté du Ciel soit faite en toute chose.

ORGON.

Le pauvre Homme ! Allons viste en dresser un Ecrit,
Et que puisse l'Envie en crever de dépit.

Fin du Troisiéme Acte.

ACTE IV.

SCENE I.

CLEANTE, TARTUFFE.

CLEANTE.

OUy, tout le monde en parle, & vous m'en pouvez croire.
L'éclat que fait ce bruit, n'est point à vôtre gloire;
Et je vous ay trouvé, Monsieur, fort à propos,
Pour vous en dire net ma pensée en deux mots.
Je n'examine point à fond ce qu'on expose,
Je passe là-dessus, & prens au pis la chose.
Supposons que Damis n'en ait pas bien usé,
Et que ce soit à tort qu'on vous ait accusé :
N'est-il pas d'un Chrestien, de pardonner l'offence,
Et d'éteindre en son cœur tout desir de vangeance ?
Et devez-vous souffrir, pour vostre démeslé,
Que du Logis d'un Pere, un Fils soit exilé ?
Je vous le dis encor, & parle avec franchise;
Il n'est petit, ny grand, qui ne s'en scandalise;
Et si vous m'en croyez, vous pacifierez tout,
Et ne pousserez point les affaires à bout.
Sacrifiez à Dieu toute vostre colere,
Et remettez le Fils en grace avec le Pere.

TARTUFFE.

Helas ! je le voudrois, quant à moy de bon cœur;

Je

Je ne garde pour luy, Monsieur, aucune aigreur ;
Je luy pardonne tout, de rien je ne le blâme,
Et voudrois le servir du meilleur de mon ame :
Mais l'interest du ciel n'y sçauroit consentir ;
Et s'il rentre ceans, c'est à moy d'en sortir.
Aprés son action qui n'eut jamais d'égale,
De commerce, entre nous, porteroit du scandale :
Dieu sçait ce que d'abord tout le monde en croiroit ;
A pure politique, on me l'imputeroit ;
Et l'on diroit par tout, que me sentant coupable,
Je feins, pour qui m'accuse, un zele charitable :
Que mon cœur l'apprehende, & veut le ménager,
Pour le pouvoir, sous-main, au silence engager.

CLEANTE.

Vous nous payez icy d'excuses colorées,
Et toutes vos raisons, Monsieur, sont trop tirées
Des interests du ciel. Pourquoy vous chargez-vous ?
Pour punir le coupable, a-t-il besoin de nous ?
Laissez luy, laissez-luy le soin de ses vangeances,
Ne songez qu'au pardon qu'il prescrit des offences ;
Et ne regardez point aux jugemens humains,
Quand vous suivez du ciel les ordres souverains.
Quoy ! le foible interest de ce qu'on pourra croire,
D'une bonne action, empeschera la gloire ?
Non, non, faisons toûjours ce que le ciel prescrit,
Et d'aucun autre soin ne nous broüillons l'esprit.

TARTUFFE.

Je vous ay déja dit que mon cœur luy pardonne,
Et c'est faire, Monsieur, ce que le ciel ordonne :
Mais aprés le scandale, & l'affront d'aujourd'huy,
Le ciel n'ordonne pas que je vive avec luy.

CLEANTE.

Et vous ordonne-t-il, Monsieur, d'ouvrir l'oreille
A ce qu'un pur caprice à son Pere conseille ?
Et d'accepter le don qui vous est fait d'un bien
Où le droict vous oblige à ne pretendre rien.

TARTUFFE.

Ceux qui me connoistront, n'auront pas la pensée

Que

Que ce soit un effet d'une ame interessée.
Tous les biens de ce monde ont pour moy peu d'appas,
De leur éclat trompeur je ne m'ébloüis pas;
Et si je me resous à recevoir du Pere
Cette donation qu'il a voulu me faire,
Ce n'est, à dire vray, que parce que je crains
Que tout ce bien ne tombe en de méchantes mains;
Qu'il ne trouve des Gens, qui l'ayant en partage,
En fassent, dans le monde, un criminel usage;
Et ne s'en servent pas, ainsi que j'ay dessein,
Pour la gloire du Ciel, & le bien du Prochain.

CLEANTE.

Eh, Monsieur, n'ayez point ces delicates craintes,
Qui d'un juste heritier peuvent causer les plaintes.
Souffrez, sans vous vouloir embarasser de rien,
Qu'il soit, à ses perils, possesseur de son bien;
Et songez qu'il vaut mieux encor qu'il en mesuse,
Que si de l'en frustrer, il faut qu'on vous accuse.
J'admire seulement que, sans confusion,
Vous en ayez souffert la proposition:
Car enfin, le vray zele a-t-il quelque maxime
Qui montre à depoüiller l'heritier legitime?
Et s'il faut que le Ciel dans vostre cœur ait mis
Un invincible obstacle à vivre avec Damis,
Ne vaudroit-il pas mieux, qu'en Personne discrette,
Vous fissiez de ceans une honneste retraite,
Que de souffrir ainsi, contre toute raison,
Qu'on en chasse, pour vous, le Fils de la Maison?
Croyez-moy, c'est donner de vostre prud'hommie,
Monsieur....

TARTUFFE.

Il est, Monsieur, trois heures & demie
Certain devoir pieux me demande là-haut,
Et vous m'excuserez, de vous quitter si-tost.

CLEANTE.

Ah!

SCENE II.

ELMIRE, MARIANE, DORINE, CLEANTE.

DORINE.

DE grace, avec nous, employez-vous pour elle,
Monsieur, son ame souffre une douleur mortelle ;
Et l'accord que son Pere a conclu pour ce soir,
La fait, à tous momens, entrer en desespoir.
Il va venir ; joignons nos efforts, je vous prie,
Et tâchons d'ébranler de force, ou d'industrie,
Ce malheureux dessein qui nous a tous troublez.

SCENE III.

ORGON, ELMIRE, MARIANE, CLEANTE, DORINE.

ORGON.

HA, je me réjoüis de vous voir assemblez.
à Mariane.
Je porte, en ce Contract, dequoy vous faire rire,
Et vous sçavez déja ce que cela veut dire.

MARIANE, *à genoux.*

Mon Pere, au nom du Ciel, qui connoist ma douleur,
Et par tout ce qui peut émouvoir vostre cœur,
Relâchez vous un peu des droicts de la naissance,
Et dispensez mes vœux de cette obeïssance.
Ne me reduisez point, par cette dure Loy,
Jusqu'à me plaindre au Ciel de ce que je vous doy :
Et cette vie, helas ! que vous m'avez donnée,
Ne me la rendez pas, mon Pere, infortunée.
Si contre un doux espoir que j'avois pû former,
Vous me defendez d'estre à ce que j'ose aimer ;
Au moins, par vos bontez, qu'à vos genoux j'implore,

Sauvez moy du tourment d'estre à ce que j'abhorre ;
Et ne me portez point à quelque desespoir,
En vous servant, sur moy, de tout vostre pouvoir.

ORGON *se sentant attendrir.*

Allons, ferme, mon cœur, point de foiblesse humaine.

MARIANE.

Vos tendresses pour luy ne me font point de peine ;
Faites les éclater, donnez luy vostre bien ;
Et si ce n'est assez, joignez-y tout le mien,
J'y consens de bon cœur, & je vous l'abandonne :
Mais au moins n'allez pas jusques à ma personne,
Et souffrez qu'un Convent, dans les austeritez,
Use les tristes jours que le Ciel m'a contez.

ORGON.

Ah! voilà justement de mes Religieuses.
Lors qu'un Pere combat leurs flames amoureuses.
Debout. Plus vostre cœur repugne à l'accepter,
Plus ce sera pour vous, matiere à meriter.
Mortifiez vos sens avec ce Mariage,
Et ne me rompez pas la teste davantage.

DORINE.

Mais quoy....

ORGON.

Taisez-vous, vous. Parlez à vostre écot,
Je vous defens, tout net d'oser dire un seul mot.

CLEANTE.

Si par quelque conseil vous souffrez qu'on réponde...

ORGON.

Mon Frere, vos conseils sont les meilleurs du monde,
Ils sont bien raisonnez, & j'en fais un grand cas ;
Mais vous trouverez bon que je n'en use pas.

ELMIRE *à son Mary.*

A voir ce que je voy, je ne sçay plus que dire,
Et vostre aveuglement fait que je vous admire.
C'est estre bien coiffé, bien prevenu de luy,
Que de nous démentir sur le fait d'aujourd'huy.

ORGON.

Je suis vostre Valet, & crois les apparences.
Pour mon fripon de Fils, je sçay vos complaisances,
Et vous avez eu peur de le desavoüer
Du trait qu'à ce pauvre Homme il a voulu joüer.
Vous estiez trop tranquille enfin, pour estre creuë,
Et vous auriez paru d'autre maniere emeuë.

ELMIRE.

Est-ce qu'au simple aveu d'un amoureux transport,
Il faut que nostre honneur se gendarme si fort?
Et ne peut-on répondre à tout ce qui le touche,
Que le feu dans les yeux, & l'injure à la bouche?
Pour moy, de tels propos, je me ris simplement,
Et l'éclat, là-dessus, ne me plaist nullement.
J'aime qu'avec douceur nous nous montrions sages,
Et ne suis point, du tout, pour ces Prudes sauvages,
Dont l'honneur est armé de griffes, & de dents,
Et veut, au moindre mot, devisager les Gens.
Me preserve le Ciel d'une telle sagesse!
Je veux une Vertu qui ne soit point diablesse,
Et croy que d'un refus, la discrete froideur,
N'en est pas moins puissante à rebuter un cœur.

ORGON.

Enfin je sçay l'affaire, & ne prens point le change.

ELMIRE.

J'admire, encor un coup, cette foiblesse étrange.
Mais que me répondroit vostre incrudelité,
Si je vous faisois voir qu'on vous dit verité?

ORGON.

Voir!

ELMIRE.

Oüy.

ORGON.

Chansons.

ELMIRE.

Mais quoy! si je trouvois maniere
De vous le faire voir avec pleine lumiere?

ORGON.

Contes en l'air.

ELMIRE.

Quel Homme ! Au moins répondez moy.
Je ne vous parle pas de nous ajoûter foy :
Mais ſuppoſons icy, que d'un lieu qu'on peut prendre,
On vous fiſt clairement tout voir, & tout entendre,
Que diriez-vous alors de voſtre Homme de bien ?

ORGON.

En ce cas, je dirois que.... Je ne dirois rien,
Car cela ne ſe peut.

ELMIRE.

L'erreur trop longtemps dure,
Et c'eſt trop condamner ma bouche d'impoſture.
Il faut que par plaiſir, & ſans aller plus loin,
De tout ce qu'on vous dit, je vous faſſe témoin.

ORGON.

Soit, je vous prens au mot. Nous verrons voſtre adreſſe,
Et comment vous pourrez remplir cette promeſſe.

ELMIRE.

Faites-le moy venir.

DORINE.

Son eſprit eſt ruſé,
Et peut-eſtre, à ſurprendre, il ſera malaiſé.

ELMIRE.

Non, on eſt aiſément dupé par ce qu'on aime,
Et l'amour propre engage à ſe tromper ſoy-même.
Faites-le moy deſcendre ; & vous, retirez-vous.

Parlant à Cleante, & à Mariane.

SCENE IV.

ELMIRE, ORGON.

ELMIRE.

APprochons cette Table, & vous mettez deſſous.

ORGON.

Comment ?

ELMIRE.

Vous bien cacher, est un poinct necessaire.

ORGON.

Pourquoy sous cette Table ?

ELMIRE.

Ah! mon Dieu, laissez faire
J'ay mon dessein en teste, & vous en jugerez.
Mettez-vous là, vous dis-je ; & quand vous y serez,
Gardez qu'on ne vous voie, & qu'on ne vous entende.

ORGON.

Je confesse qu'ici ma complaisance est grande ;
Mais de vostre entreprise, il vous faut voir sortir.

ELMIRE.

Vous n'aurez, que je croy, rien à me repartir.
à son mary qui est sous la table
Au moins, je vais toucher une étrange matiere,
Ne vous scandalisez en aucune maniere.
Quoy que je puisse dire, il doit m'estre permis,
Et c'est pour vous convaincre, ainsi que j'ay promis.
Je vais par des douceurs, puis que j'y suis reduite,
Faire poser le masque à cette ame hypocrite,
Flater, de son amour, les desirs effrontez,
Et donner un champ libre à ses temeritez.
Comme c'est pour vous seul, & pour mieux le confondre,
Que mon ame à ses vœux va feindre de répondre,
J'auray lieu de cesser dés que vous vous rendrez,
Et les choses n'iront que jusqu'où vous voudrez.
C'est à vous d'arrester son ardeur insensée,
Quand vous croirez l'affaire assez avant poussée ;
D'épargner vostre femme, & de ne m'exposer
Qu'à ce qu'il vous faudra pour vous desabuser.
Ce sont vos interests, vous en serez le maistre.
Et.... l'on vient, tenez-vous, & gardez de paroistre.

SCENE V.

TARTUFFE, ELMIRE, ORGON.

TARTUFFE.

On m'a dit qu'en ce lieu vous me vouliez parler.

ELMIRE.

Ouy, l'on a des secrets à vous y reveler :
Mais tirez cette porte avant qu'on vous les dise,
Et regardez par tout, de crainte de surprise :
Une affaire pareille à celle de tantost,
N'est pas assurément ici ce qu'il nous faut.
Jamais il ne s'est veu de surprise de même.
Damis m'a fait, pour vous, une frayeur extrême,
Et vous avez bien veu que j'ay fait mes efforts.
Pour rompre son dessein, & calmer ses transports.
Mon trouble, il est bien vray, m'a si fort possedée,
Que de le démentir je n'ay point eu l'idée :
Mais par là, grace au Ciel, tout a bien mieux esté,
Et les choses en sont dans plus de seureté,
L'estime où l'on vous tient, a dissipé l'orage,
Et mon mary, de vous, ne peut prendre d'ombrage.
Pour mieux braver l'éclat des mauvais jugemens,
Il veut que nous soyons ensemble à tous momens,
Et c'est par où je puis, sans peur d'estre blâmée,
Me trouver ici seule avec vous enfermée,
Et ce qui m'authorise à vous ouvrir un cœur.
Un peu trop promt, peut-estre, à souffrir vostre ardeur.

TARTUFFE.

Ce langage, à comprendre, est assez difficile,
Madame, & vous parliez tantost d'un autre stile.

ELMIRE.

Ah ! si d'un tel refus vous estes en courroux,
Que le cœur d'une femme est mal connu de vous !
Et que vous sçavez peu ce qu'il veut faire entendre,
Lors que si foiblement on le voit se defendre !

Toûjours nostre pudeur combat, dans ces momens,
Ce qu'on peut nous donner de tendres sentimens.
Quelque raison qu'on trouve à l'amour qui nous domte?
On trouve à l'avoüer, toûjours un peu de honte;
On s'en defend d'abord; mais de l'air qu'on s'y prend,
On fait connoistre assez que nostre cœur se rend;
Qu'à nos vœux, par honneur, nostre bouche s'oppose,
Et que de tels refus promettent toute chose.
C'est vous faire, sans doute, un assez libre aveu,
Et sur nostre pudeur me ménager bien peu:
Mais puis que la parole enfin en est lâchée,
A retenir Damis me serois-je attachée?
Aurois-je, je vous prie, avec tant de douceur,
Ecouté tout au long l'offre de vostre cœur?
Aurois je pris la chose ainsi qu'on m'a veu faire,
Si l'offre de ce cœur n'eust eu dequoy me plaire?
Et lors que j'ay voulu moy même vous forcer
A refuser l'hymen qu'on venoit d'annoncer,
Qu'est-ce que cette instance a dû vous faire entendre,
Que l'interest qu'en vous on s'avise de prendre,
Et l'ennuy qu'on auroit que ce nœud qu'on resout,
Vinst partager du moins un cœur que l'on veut tout?

TARTUFFE.

C'est sans doute, Madame, une douceur extréme,
Que d'entendre ces mots d'une bouche qu'on aime;
Leur miel, dans tous mes sens, fait couler à longs traits
Une suavité qu'on ne gousta jamais.
Le bonheur de vous plaire, est ma supréme étude,
Et mon cœur, de vos vœux, fait sa beatitude;
Mais ce cœur vous demande ici la liberté,
D'oser douter un peu de sa felicité.
Je puis croire ces mots un artifice honneste,
Pour m'obliger à rompre un hymen qui s'appreste,
Et s'il faut librement m'expliquer avec vous,
Je ne me fieray point à des propos si doux,
Qu'un peu de vos faveurs, aprés quoy je soûpire,

Ne viennent m'asseurer tout ce qu'ils m'ont pû dire,
Et planter dans mon ame une constante foy
Des charmantes bontez que vous avez pour moy.

ELMIRE.

Elle tousse pour avertir son mary.

Quoy ! vous voulez aller avec cette vitesse,
Et d'un cœur, tout d'abord, épuiser la tendresse ?
On se tuë à vous faire un aveu des plus doux,
Cependant ce n'est pas encore assez pour vous ;
Et l'on ne peut aller jusqu'à vous satisfaire,
Qu'aux dernieres faveurs on ne pousse l'affaire ?

TARTUFFE.

Moins on merite un bien, moins on l'ose esperer ;
Nos vœux, sur des discours, ont peine à s'asseurer ;
On soupçonne aisement un sort tout plein de gloire,
Et l'on veut en joüir, avant que de le croire.
Pour moy, qui crois si peu meriter vos bontez,
Je doute du bonheur de mes temeritez ;
Et je ne croiray rien, que vous n'ayez, Madame.
Par des realitez, sceu convaincre ma flame.

ELMIRE.

Mon Dieu, que vostre amour, en vray tyran agit !
Et qu'en un trouble étrange il me jette l'esprit !
Que sur les cœurs il prend un furieux empire !
Et qu'avec violence il veut ce qu'il desire !
Quoy ! de vostre poursuite, on ne peut se parer,
Et vous ne donnez pas le temps de respirer ?
Sied-il bien de tenir une rigueur si grande ?
De vouloir sans quartier, les choses qu'on demande ?
Et d'abuser ainsi, par vos efforts pressans,
Du foible que pour vous, vous voyez qu'ont les gens ?

TARTUFFE.

Mais si d'un œil benin vous voyez mes hommages,
Pourquoy m'en refuser d'asseurez témoignages ?

ELMIRE.

Mais comment consentir à ce que vous voulez !
Sans offencer le Ciel, dont toûjours vous parlez !

TARTUFFE.

Si ce n'est que le Ciel qu'à mes vœux on oppose,
Lever un tel obstacle, est à moy peu de chose,
Et cela ne doit pas retenir vostre cœur.

ELMIRE.

Mais des arrests du Ciel on nous fait tant de peur.

TARTUFFE.

Je puis vous dissiper ces craintes ridicules,
Madame. & je sçay l'art de lever les scrupules.

C'est un scelerat qui parle.

Le Ciel defend, de vray, certains contentemens;
Mais on trouve avec luy des accommodemens.
Selon divers besoins, il est une Science;
D'étendre les liens de nostre conscience,
Et de rectifier le mal de l'action
Avec la pureté de nostre intention.
De ces secrets, Madame, on sçaura vous instruire,
Vous n'avez seulement qu'à vous laisser conduire.
Contentez mon désir, & n'ayez point d'effroy,
Je vous répons de tout, & prens le mal sur moy.
Vous toussez fort, Madame.

ELMIRE.

Ouy, je suis au supplice.

TARTUFFE.

Vous plaist-il un morceau de ce jus de reglisse?

ELMIRE.

C'est un rhume obstiné, sans doute, & je voy bien
Que tous les jus du monde, ici, ne feront rien.

TARTUFFE.

Cela, certe, est fâcheux.

ELMIRE.

Ouy, plus qu'on ne peut dire.

TARTUFFE.

Enfin vostre scrupule est facile à détruire,
Vous estes assurée ici d'un plein secret,
Et le mal n'est jamais que dans l'éclat qu'on fait.
Le scandale du monde, est ce qui fait l'offence;
Et ce n'est pas pecher, que pecher en silence.

EL-

ELMIRE.

Aprés avoir encore toussé.

Enfin je voy qu'il faut se resoudre à ceder,
Qu'il faut que je consente à vous tout accorder,
Et qu'à moins de cela, je ne dois point pretendre
Qu'on puisse estre content & qu'on veuille se rendre.
Sans doute, il est fâcheux d'en venir jusques-là,
Et c'est bien malgré moy, que je franchis cela:
Mais puis que l'on s'obstine à m'y vouloir reduire,
Puis qu'on ne veut point croire à tout ce qu'on peut dire,
Et qu'on veut des témoins qui soient plus convainquans,
Il faut bien s'y resoudre, & contenter les gens.
Si ce consentement porte en soy quelque offence,
Tant pis pour qui me force à cette violence;
La faute assurement n'en doit pas estre à moy.

TARTUFFE.

Ouy. Madame, on s'en charge, & la chose de soy...

ELMIRE.

Ouvrez un peu la porte, & voyez, je vous prie,
Si mon mary n'est point dans cette Galerie.

TARTUFFE.

Qu'est il besoin pour luy, du soin que vous prenez?
C'est un homme, entre nous, à mener par le nez.
De tous nos entretiens, il est pour faire gloire,
Et je l'ay mis au point de voir tout, sans rien croire.

ELMIRE.

Il n'importe, sortez, je vous prie, un moment,
Et par tout, là dehors, voyez exactement.

SCENE VI.

ORGON, ELMIRE.

ORGON, *sortant de dessous la table.*

VOilà, je vous l'avouë, un abominable homme!
Je n'en puis revenir, & tout ceci m'assomme.

ELMIRE.

Quoy ! vous sortez si-tost ? Vous vous mocquez des gens.
Rentrez sous le Tapis, il n'est pas encor temps ;
Attendez jusqu'au bout, pour voir les choses sûres,
Et ne vous fiez point aux simples conjectures.

ORGON.

Non, rien de plus méchant n'est sorti de l'enfer.

ELMIRE.

Mon Dieu, l'on ne doit point croire trop de leger ;
Laissez-vous bien convaincre, avant que de vous rendre,
Et ne vous hastez point, de peur de vous méprendre.

Elle fait mettre son mary derriere elle.

SCENE VII.

TARTUFFE, ELMIRE, ORGON.

TARTUFFE.

Tout conspire, Madame, à mon contentement :
J'ay visité, de l'œil, tout cet appartement,
Personne ne s'y trouve, & mon ame ravie....

ORGON, *en l'arrestant.*

Tout doux, vous suivez trop vostre amoureuse envie,
Et vous ne devez pas vous tant passionner.
Ah, ah, l'homme de bien, vous m'en voulez donner !
Comme aux tentations s'abandonne vostre ame !
Vous épousiez ma fille, & convoitiez ma femme ?
J'ay douté fort long-temps, que ce fust tout de bon,
Et je croyois toûjours qu'on changeroit de ton :
Mais c'est assez avant pousser le témoignage,
Je m'y tiens, & n'en veux pour moy pas davantage.

ELMIRE, *à Tartuffe.*

C'est contre mon humeur, que j'ay fait tout ceci,
Mais on m'a mise au point de vous traitter ainsi.

TARTUFFE.

Quoy ! vous croyez,...

ORGON.

Allons, point de bruit, je vous prie?
Dénichons de ceans, & sans ceremonie.

TARTUFFE.

Mon dessein....

ORGON.

Ces discours ne sont plus de saison?
Il faut, tout sur le champ, sortir de la maison.

TARTUFFE.

C'est à vous d'en sortir, vous qui parlez en Maistre,
La maison m'appartient, je le feray connoistre,
Et vous montreray bien qu'en vain on a recours,
Pour me chercher querelle, à ces lâches détours?
Qu'on n'est pas où l'on pense, en me faisant injure;
Que j'ay dequoy confondre, & punir l'imposture,
Vanger le Ciel qu'on blesse, & faire repentir
Ceux qui parlent ici de me faire sortir.

SCENE VIII.

ELMIRE, ORGON.

ELMIRE.

Quel est donc ce langage, & qu'est-ce qu'il veut dire?

ORGON.

Ma foy, je suis confus, & n'ay pas lieu de rire.

ELMIRE.

Comment?

ORGON.

Je voy ma faute, aux choses qu'il me dit,
Et la donation m'embarasse l'esprit.

ELMIRE.

La donation....

ORGON.

Ouy, c'est une affaire faite;
Mais j'ay quelqu'autre chose encor qui m'inquiete.

ELMIRE.

Et quoy ?

ORGON.

Vous sçaurez tout : Mais voyons au plûtost,
Si certaine cassette est encore là haut.

Fin du quatriéme Acte.

ACTE V.

SCENE I.

ORGON, CLEANTE.

CLEANTE.

U voulez-vous courir ?

ORGON.

Las! que sçay-je ?

CLEANTE.

Il me semble
Que l'on doit commencer par consulter ensemble,
Les choses qu'on peut faire en cet évenement.

ORGON.

Cette cassette-là me trouble entierement,
Plus que le reste encor, elle me desespere.

CLEANTE.

Cette cassette est donc un important mystere ?

ORGON.

C'est un depost qu'Argas, cet amy que je plains,
Luy même, en grand secret, m'a mis entre les mains,
Pour cela, dans sa fuitte, il me voulut élire ;
Et ce sont des papiers, à ce qu'il m'a pu dire,
Où sa vie, & ses biens, se trouvent attachez.

CLEANTE.

Pourquoy donc les avoir en d'autres mains lâchez ?

OR-

ORGON.

Ce fut par un motif de cas de conscience.
J'allay droit à mon traistre en faire confidence,
Et son raisonnement me vint persuader
De luy donner plûtost la cassette à garder;
Afin que pour nier, en cas de quelque enqueste,
J'eusse d'un faux-fuyant, la faveur toute preste,
Par où ma conscience eust pleine seureté
A faire des sermens contre la verité.

CLEANTE.

Vous voilà mal, au moins si j'en croy l'apparence,
Et la donation, & cette confidence,
Sont, à vous en parler selon mon sentiment,
Des démarches, par vous, faites legerement.
On peut vous mener loin avec de pareils gages,
Et cet homme, sur vous, ayant ces avantages,
Le pousser est encor grande imprudence à vous,
Et vous deviez chercher quelque biais plus doux.

ORGON.

Quoy! sous un beau semblant de ferveur si touchante,
Cacher un cœur si double, une ame si méchante?
Et moy qui l'ay reçu gueusant, & n'ayant rien....
C'en est fait, je renonce à tous les gens de bien.
J'en auray desormais une horreur effroyable,
Et m'en vais devenir, pour eux, pire qu'un diable.

CLEANTE.

Hé bien, ne voilà pas de vos emportemens!
Vous ne gardez en rien les doux temperamens.
Dans la droite raison, jamais n'entre la vostre;
Et toûjours, d'un excés, vous vous jettez dans l'autre.
Vous voyez vostre erreur, & vous avez connu,
Que par un zele feint vous estiez prevenu:
Mais pour vous corriger, quelle raison demande
Que vous alliez passer dans une erreur plus grande,
Et qu'avecque le cœur d'un perfide vaurien,
Vous confondiez les cœurs de tous les gens de bien?
Quoy! parce qu'un fripon vous dupe avec audace,

Sous le pompeux éclat d'une austere grimace,
Vous voulez que par tout on soit fait comme luy.
Et qu'aucun vray devot ne se trouve aujourd'huy ?
Laissez aux Libertins ces sottes consequences,
Démeslez la vertu d'avec ses apparences,
Ne hazardez jamais vostre estime trop tost,
Et soyez, pour cela, dans le milieu qu'il faut.
Gardez-vous, s'il se peut, d'honorer l'Imposture,
Mais au vray zele aussi n'allez pas faire injure ;
Et s'il vous faut tomber dans une extremité,
Pechez plûtost encor de cet autre costé.

SCENE II.

DAMIS, ORGON, CLEANTE.

DAMIS.

Quoy ! mon Pere, est-il vray qu'un coquin vous menace ?
Qu'il n'est point de bienfait qu'en son ame il n'efface ;
Et que son lâche orgœuil, trop digne de courroux,
Se fait, de vos bontez, des armes contre vous ?

ORGON.

Ouy, mon fils, & j'en sens des douleurs nompareilles.

DAMIS.

Laissez moy, je luy veux couper les deux oreilles.
Contre son insolence, on ne doit point gauchir.
C'est à moy, tout d'un coup, de vous en affranchir,
Et pour sortir d'affaire, il faut que je l'assomme.

CLEANTE.

Voilà, tout justement, parler en vray jeune homme.
Moderez, s'il vous plaist, ces transports éclatans ;
Nous vivons sous un regne, & sommes dans un temps,
Où, par la violense, on fait mal ses affaires.

SCE-

SCENE III.

MADAME PERNELLE, MARIANE, ELMIRE, DORINE, DAMIS, ORGON, CLEANTE.

M. PERNELLE.

Qu'est-ce ? j'apprens ici de terribles mysteres.

ORGON.

Ce sont des nouveautés dont mes yeux sont témoins,
Et vous voyez le prix dont sont payez mes soins.
Je recueille, avec zele, un homme en sa misere,
Je le loge, & le tiens comme mon propre frere ;
De bienfaits, chaque jour, il est par moy chargé ;
Je luy donne ma fille, & tout le bien que j'ay ;
Et dans le même temps, le perfide, l'infame,
Tente le noir dessein de suborner ma femme ;
Et non content encor de ces lâches essais,
Il m'ose menacer de mes propres bienfaits ;
Et veut, à ma ruine, user des avantages
Dont le viennent d'armer mes bontez trop peu sages ;
Me chasser de mes biens où je l'ay transferé,
Et me reduire au point d'où je l'ay retiré.

DORINE.

Le pauvre homme !

M. PERNELLE.

Mon fils, je ne puis du tout croire
Qu'il ait voulu commettre une action si noire.

ORGON.

Comment !

M. PERNELLE.

Les gens de bien sont enviez toûjours.

ORGON.

Que voulez-vous donc dire avec vostre discours,
Ma Mere ?

M. PERNELLE.

Que chez vous on vit d'étrange sorte,

Et qu'on ne ſçait que trop la haine qu'on luy porte.

ORGON.

Qu'a cette haine à faire avec ce qu'on vous dit ?

M. PERNELLE.

Je vous l'ay dit cent fois, quand vous eſtiez petit.
La vertu, dans le monde, eſt toûjours pourſuivie ;
Les envieux mourront, mais non jamais l'envie.

ORGON.

Mais que fait ce diſcours aux choſes d'aujourd'huy ?

M. PERNELLE.

On vous aura forgé cent ſots contes de luy.

ORGON.

Je vous ay dit déja, que j'ay veu tout moy-même.

M. PERNELLE.

Des eſprits médiſans, la malice eſt extrême.

ORGON.

Vous me feriez damner, ma mere. Je vous dy,
Que j'ay veu de mes yeux un crime ſi hardy.

M. PERNELLE.

Les langues ont toûjours du venin à répandre ;
Et rien n'eſt, ici-bas, qui s'en puiſſe defendre.

ORGON.

C'eſt tenir un propos de ſens bien dépourveu :
Je l'ay veu, dis-je, veu, de mes propres yeux veu,
Ce qu'on appelle veu : Faut-il vous le rebattre
Aux oreilles cent fois, & crier comme quatre ?

M. PERNELLE.

Mon Dieu, le plus ſouvent, l'apparence deçoit,
Il ne faut pas toûjours juger ſur ce qu'on voit.

ORGON.

J'enrage.

M. PERNELLE.

Aux faux ſoupçons la nature eſt ſujette ;
Et c'eſt ſouvent à mal, que le bien s'interprette.

ORGON.

Je dois interpreter à charitable ſoin,
Le deſir d'embraſſer ma femme ?

M. PERNELLE.

Il eſt beſoin,
Pour accuſer les gens, d'avoir de juſtes cauſes,
Et vous deviez attendre à vous voir ſeur des choſes.

ORGON.

Hé, diantre, le moyen de m'en aſſurer mieux?
Je devois donc, ma Mere, attendre qu'à mes yeux
Il euſt.... Vous me feriez dire quelque ſottiſe.

M. PERNELLE.

Enfin d'un trop pur zele on voit ſon ame épriſe,
Et je ne puis du tout me mettre dans l'eſprit,
Qu'il ait voulu tenter les choſes que l'on dit.

ORGON.

Allez. Je ne ſçay pas, ſi vous n'eſtiez ma Mere,
Ce que je vous dirois, tant je ſuis en colere.

DORINE.

Juſte retour, Monſieur, des choſes d'ici-bas,
Vous ne vouliez point croire, & l'on ne vous croit pas.

CLEANTE.

Nous perdons des momens, en bagatelles pures,
Qu'il faudroit employer à prendre des meſures.
Aux menaces du fourbe, on doit ne dormir point.

DAMIS.

Quoy! ſon effronterie iroit juſqu'à ce poinct?

ELMIRE.

Pour moy, je ne croy pas cette inſtance poſſible,
Et ſon ingratitude eſt ici trop viſible.

CLEANTE.

Ne vous y fiez pas, il aura des reſſorts,
Pour donner, contre vous, raiſon à ſes efforts;
Et ſur moins que cela, le poids d'une cabale
Embaraſſe les gens dans un fâcheux Dedale.
Je vous le dis encor, armé de ce qu'il a,
Vous ne deviez jamais le pouſſer juſques-là.

ORGON.

Il eſt vray, mais qu'y faire? A l'orgœuil de ce traiſtre,
De mes reſſentimens je n'ay pas eſté maiſtre.

CLEANTE.

Je voudrois de bon cœur qu'on pust entre vous deux,
De quelque ombre de paix, racommoder les nœuds.

ELMIRE.

Si j'avois sceu qu'en main il a de telles armes,
Je n'aurois pas donné matiere à tant d'alarmes,
Et mes....

ORGON.

Que veut cet homme ? Allez-tost le sçavoir;
Je suis bien en estat que l'on me vienne voir.

SCENE IV.

MONSIEUR LOYAL, M. PERNELLE, ORGON, DAMIS, MARIANE, DORINE, ELMIRE, CLEANTE.

M. LOYAL.

Bon jour, ma chere Sœur. Faites, je vous supplie,
Que je parle à Monsieur.

DORINE.

Il est en compagnie,
Et je doute qu'il puisse, à present, voir quelqu'un.

M. LOYAL.

Je ne suis pas pour estre, en ces lieux, importun.
Mon abord n'aura rien, je croy, qui luy déplaise,
Et je viens pour un fait dont il sera bienaise.

DORINE.

Vostre nom ?

M. LOYAL.

Dites luy seulement que je vien
De la part de Monsieur Tartuffe, pour son bien.

DORINE.

C'est un homme qui vient, avec douce maniere,
De la part de Monsieur Tartuffe, pour affaire,
Dont vous serez, dit-il, bien-aise.

CLEAN-

CLEANTE.

Il vous faut voir
Ce que c'est que cet homme, & ce qu'il peut vouloir.

ORGON.

Pour nous racommoder, il vient ici, peut estre.
Quels sentimens auray je à luy faire paroistre !

CLEANTE.

Vostre ressentiment ne doit point éclater ;
Et s'il parle d'accord, il le faut écouter.

M. LOYAL.

Salut, Monsieur. Le Ciel perde qui vous veut nuire,
Et vous soit favorable autant que je desire.

ORGON.

Ce doux debut s'accorde avec mon jugement,
Et presage deja quelque accommodement.

M. LOYAL.

Toute vostre maison m'a toûjours esté chere,
Et j'estois serviteur de Monsieur vostre Pere.

ORGON.

Monsieur, j'ay grande honte, & demande pardon,
D'estre sans vous connoistre, ou sçavoir vostre nom.

M. LOYAL.

Je m'appelle Loyal, natif de Normandie,
Et suis Huissier à Verge, en dépit de l'envie.
J'ay depuis quarante ans, grace au Ciel, le bonheur
D'en exercer la charge avec beaucoup d'honneur ;
Et je vous vien, Monsieur, avec vostre licence,
Signifier l'exploit de certaine ordonnance.

ORGON.

Quoy ! vous estes ici....

M. LOYAL.

Monsieur, sans passion ;
Ce n'est rien seulement qu'une sommation,
Un ordre de vuider d'ici, vous, & les vostres,
Mettre vos meubles hors, & faire place à d'autres,
Sans delay, ny remise, ainsi que besoin est....

ORGON.

Moy, sortir de ceans ?

M. Lo-

M. LOYAL.

Ouy, Monsieur, s'il vous plaist.
La maison à present, comme sçavez de reste,
Au bon Monsieur Tartuffe appartient sans conteste.
De vos biens desormais il est Maistre, & Seigneur,
En vertu d'un contract duquel je suis porteur.
Il est en bonne forme, & l'on n'y peut rien dire.

DAMIS.

Certes, cette impudence est grande, & je l'admire.

M. LOYAL.

Monsieur, je ne doy point avoir affaire à vous;
C'est à Monsieur, il est, & raisonnable, & doux,
Et d'un homme de bien il sçait trop bien l'office,
Pour se vouloir du tout opposer à justice.

ORGON.

Mais....

M. LOYAL.

Ouy, Monsieur, je sçay que pour un million
Vous ne voudriez pas faire rebellion;
Et que vous souffrirez en honneste personne,
Que j'execute ici les ordres qu'on me donne.

DAMIS.

Vous pourriez bien ici, sur vostre noir jupon,
Monsieur l'huissier à verge, attirer le baston.

M. LOYAL.

Faites que vostre fils se taise, ou se retire,
Monsieur; j'aurois regret d'estre obligé d'écrire,
Et de vous voir couché dans mon procés verbal.

ELMIRE.

Ce Monsieur Loyal porte un air bien déloyal!

M. LOYAL.

Pour tous les gens de bien, j'ay de grandes tendresses,
Et ne me suis voulu, Monsieur, charger des pieces,
Que pour vous obliger, & vous faire plaisir;
Que pour oster, par là, le moyen d'en choisir,
Qui n'ayant pas pour vous le zele qui me pousse,
Auroient pû proceder d'une façon moins douce.

ORGON.

Et que peut-on de pis, que d'ordonner aux gens
De sortir de chez eux ?

M. LOYAL.

On vous donne du temps,
Et jusques à demain, je feray surseance
A l'execution, Monsieur, de l'ordonnance.
Je viendray seulement passer ici la nuit,
Avec dix de mes gens, sans scandale, & sans bruit.
Pour la forme, il faudra, s'il vous plaist, qu'on m'apporte,
Avant que se coucher, les clefs de vostre porte.
J'auray soin de ne pas troubler vostre repos,
Et de ne rien souffrir qui ne soit à propos.
Mais demain du matin, il vous faut estre habile
A vuider de ceans jusqu'au moindre utencile.
Mes gens vous aideront ; & je les ay pris forts,
Pour vous faire service à tout mettre dehors.
On n'en peut pas user mieux que je fais, je pense ;
Et comme je vous traite avec grande indulgence,
Je vous conjure aussi, Monsieur, d'en user bien,
Et qu'au deu de ma charge on ne me trouble en rien.

ORGON.

Du meilleur de mon cœur, je donnerois sur l'heure
Les cent plus beaux Loüis de ce qui me demeure,
Et pouvoir à plaisir, sur ce muffle assener
Le plus grand coup de poing qui se puisse donner.

CLEANTE.

Laissez, ne gastons rien.

DAMIS.

A cette audace étrange,
J'ay peine à me tenir, & la main me démange.

DORINE.

Avec un si bon dos, ma foy, Monsieur Loyal,
Quelque coups de baston ne vous sieroient pas mal.

M. LOYAL.

On pourroit bien punir ces paroles infames,
Mamie, & l'on decrete aussi contre les femmes.

CLEAN-

CLEANTE.

Benissons tout cela, Monsieur, c'en est assez ;
Donnez tost ce papier, de grace, & nous laissez.

M. LOYAL.

Jusqu'au revoir. Le Ciel vous tienne tous en joie.

ORGON.

Puisse-t-il te confondre, & celuy qui t'envoie !

SCENE V.

ORGON, CLEANTE, MARIANE, ELMIRE, M. PERNELLE, DORINE, DAMIS.

ORGON.

HE' bien, vous le voyez, ma Mere, si j'ay droit,
Et vous pouvez juger du reste, par l'exploit.
Ses trahisons enfin, vous sont elles connuës ?

M. PERNELLE.

Je suis toute ébaubie, & je tombe des nuës.

DORINE.

Vous vous plaignez à tort ; à tort vous le blâmez,
Et ses pieux desseins, parlà, sont confirmez.
Dans l'amour du prochain, sa vertu se consomme,
Il sçait que tres-souvent les biens corrompent l'homme ;
Et par charité pure, il veut vous enlever
Tout ce qui vous peut faire obstacle à vous sauver.

ORGON.

Taisez-vous ; c'est le mot qu'il vous faut toûjours dire.

CLEANTE.

Allons voir quel conseil on doit vous faire élire.

ELMIRE.

Allez faire éclater l'audace de l'ingrat :
Ce procedé detruit la vertu du Contract ;
Et sa deloyauté va paroistre trop noire,
pour souffrir qu'il en ait le succés qu'on veut croire.

SCE-

SCENE VI.

VALERE, ORGON, CLEANTE, ELMIRE, MARIANE, &c.

VALERE.

AVec regret, Monsieur, je viens vous affliger;
Mais je m'y voy contraint par le pressant danger.
Un amy qui m'est joint d'une amitié fort tendre,
Et qui sçait l'interest qu'en vous j'ay lieu de prendre,
A violé pour moy, par un pas delicat,
Le secret que l'on doit aux affaires d'Estat,
Et me vient d'envoyer un avis dont la suite
Vous reduit au parti d'une soudaine fuite.
Le fourbe, qui long-temps a pû vous imposer,
Depuis une heure, au Prince a sceu vous accuser,
Et remettre en ses mains, dans les traits qu'il vous jette,
D'un Criminel d'Estat, l'importante cassette,
Dont, au mépris, dit-il, du devoir d'un sujet,
Vous avez conservé le coupable secret.
J'ignore le détail du crime qu'on vous donne,
Mais un ordre est donné contre vostre personne;
Et luy-même est chargé, pour mieux l'executer,
D'accompagner celuy qui vous doit arrester.

CLEANTE.

Voilà ses droits armez, & c'est par où le traistre,
De vos biens qu'il pretend, cherche à se rendre maistre.

ORGON.

L'homme est, je vous l'avouë, un méchant animal!

VALERE.

Le moindre amusement vous peut estre fatal.
J'ay, pour vous emmener, mon carosse à la porte,
Avec mille Louïs qu'ici je vous apporte.
Ne perdons point de temps, le trait est foudroyant.

Et ce sont de ces coups que l'on pare en fuyant.
A vous mettre en lieu seur, je m'offre pour conduite,
Et veux accompagner, jusqu'au bout, vostre fuite.

ORGON.

Las ! que ne dois je point à vos soins obligeans ?
Pour vous en rendre grace, il faut un autre temps ;
Et je demande au Ciel, de m'estre assez propice,
Pour reconnoistre un jour ce genereux service.
Adieu, prenez le soin vous autres....

CLEANTE.

Allez tost ;
Nous songerons, mon frere, à faire ce qu'il faut.

SCENE DERNIERE.

L'EXEMT, TARTUFFE, VALERE, ORGON, ELMIRE, MARIANE, &c.

TARTUFFE.

Tout-beau, Monsieur, tout-beau, ne courez point si viste,
Vous n'irez pas fort loin, pour trouver vostre giste,
Et de la part du Prince, on vous fait prisonnier.

ORGON.

Traistre, tu me gardois ce trait pour le dernier.
C'est le coup, scelerat, par où tu m'expedies,
Et voilà couronner toutes tes perfidies.

TARTUFFE.

Vos injures n'ont rien à me pouvoir aigrir,
Et je suis pour le Ciel, appris à tout souffrir.

CLEANTE.

La moderation est grande, je l'avouë.

DAMIS.

Comme du Ciel, l'infame, impudemment se jouë !

TARTUFFE.

Tous vos emportemens ne sçauroient m'émouvoir,

Et

Et je ne songe à rien, qu'à faire mon devoir.

MARIANE.

Vous avez de ceci, grande gloire à pretendre,
Et cet employ pour vous, est fort honneste à prendre.

TARTUFFE.

Un employ ne sçauroit estre que glorieux,
Quand il part du pouvoir qui m'envoie en ces lieux.

ORGON.

Mais t'es-tu souvenu que ma main charitable,
Ingrat, t'a retiré d'un estat miserable?

TARTUFFE.

Ouy, je sçay quels secours j'en ay pû recevoir;
Mais l'interest du Prince est mon premier devoir.
De ce devoir sacré, la juste violence
Etouffe dans mon cœur toute reconnoissance;
Et je sacrifirois à de si puissans nœus,
Amy, femme, parens, & moy-même avec eux.

ELMIRE.

L'Imposteur!

DORINE.

Comme il sçait, de traistresse maniere,
Se faire un beau manteau de tout ce qu'on revere!

CLEANTE.

Mais s'il est si parfait que vous le declarez,
Ce zele qui vous pousse, & dont vous vous parez;
D'où vient que pour paroistre, il s'avise d'attandre,
Qu'à poursuivre sa femme, il ait sceu vous surprendre?
Et que vous ne songez à l'aller denoncer,
Que lors que son honneur l'oblige à vous chasser?
Je ne vous parle point, pour devoir en distraire,
Du don de tout son bien qu'il venoit de vous faire:
Mais le voulant traitter en coupable aujourd'huy,
Pourquoy consentiez-vous à rien prendre de luy?

TARTUFFE, *à L'Exempt.*

Delivrez moy, Monsieur, de la criaillerie,
Et daignez accomplir vostre ordre, je vous prie.

L'EXEMPT.

Ouy, c'est trop demeurer, sans doute, à l'accomplir.
Vostre bouche à propos m'invite à le remplir ;
Et pour l'executer, suivez moy tout à l'heure
Dans la prison qu'on doit vous donner pour demeure.

TARTUFFE.

Qui, moy, Monsieur ?

L'EXEMPT.

Ouy, vous.

TARTUFFE.

Pourquoy donc la prison,

L'EXEMPT.

Ce n'est pas vous à qui j'en veux rendre raison.
Remettez-vous, Monsieur, d'une alarme si chaude.
Nous vivons sous un Prince ennemy de la fraude,
Un Prince dont les yeux se font jour dans les cœurs,
Et que ne peut tromper tout l'art des Imposteurs.
D'un fin discernement, sa grande ame pourveuë,
Sur les choses toûjours jette une droite veuë,
Chez elle jamais rien ne surprend trop d'accés,
Et sa ferme raison ne tombe en nul excés.
Il donne aux gens de bien une gloire immortelle,
Mais sans aveuglement il fait briller ce zele,
Et l'amour pour les vrais, ne ferme point son cœur
A tout ce que les faux doivent donner d'horreur.
Celuy-ci n'estoit pas pour le pouvoir surprendre,
Et de pieges plus fins on le voit se defendre.
D'abord il a percé, par ses vives clartez,
Des replis de son cœur, toutes les lâchetez.
Venant vous accuser, il s'est trahi luy même,
Et par un juste trait de l'equité supreme,
S'est découvert au Prince un fourbe renommé,
Dont sous un autre nom il estoit informé ;
Et c'est un long détail d'actions toutes noires,
Dont on pourroit former des volumes d'histoires.
Ce Monarque, en un mot, a vers vous detesté
Sa lâche ingratitude, & sa déloyauté ;

A ses autres horreurs, il a joint cette suite,
Et ne m'a, jusqu'ici, soûmis à sa conduite,
Que pour voir l'Impudence aller jusques au bout,
Et vous faire, par luy, faire raison de tout.
Ouy, de tous vos papiers, dont il se dit le maistre,
Il veut qu'entre vos mains, je dépoüille le traistre.
D'un souverain pouvoir il brise les liens
Du contract qui luy fait un don de tous vos biens,
Et vous pardonne enfin cette offence secrette
Où vous a, d'un amy, fait tomber la retraite;
Et c'est le prix qu'il donne au zele qu'autrefois
On vous vit témoigner, en appuyant ses droicts;
Pour montrer que son cœur sçait, quand moins on y pense,
D'une bonne action verser la recompense;
Que jamais le merite, avec luy, ne perd rien,
Et que mieux que du mal, il se souvient du bien.

DORINE.

Que le Ciel soit loüé!

M. PERNELLE.

Maintenant je respire.

ELMIRE.

Favorable succés!

MARIANE.

Qui l'auroit osé dire?

ORGON, *à Tartuffe.*

Hé bien, te voilà, traistre...

CLEANTE.

Ah! mon frere, arrestez,
Et ne descendez point à des indignitez.
A son mauvais destin laissez un miserable,
Et ne vous joignez point au remords qui l'accable,
Souhaitez bien plûtost, que son cœur, en ce jour,
Au sein de la vertu fasse un heureux retour;
Qu'il corrige sa vie, en detestant son vice,
Et puisse du grand Prince adoucir la justice;
Tandis qu'à sa bonté vous irez à genoux,
Rendre ce que demande un traîtement si doux.

ORGON.

Ouy, c'eſt bien dit ; allons à ſes pieds, avec joie,
Nous loüer des bontez que ſon cœur nous deploie :
Puis acquitez un peu de ce premier devoir,
Aux juſtes ſoins d'un autre, il nous faudra pourvoir ;
Et par un doux hymen, couronner en Valere,
La flame d'un amant genereux & ſincere.

FIN.

www.ingramcontent.com/pod-product-compliance
Lightning Source LLC
LaVergne TN
LVHW012025220826
846092LV00001B/494

* 9 7 8 2 3 2 9 7 2 9 2 4 4 *